JN093663

ACCOUNTING PERSONNEL

会計人材のキャリア名鑑

CAREER DIRECTORY

CPAキャリアサポート株式会社 著

中央経済社

はじめに

キャリアプランを描くうえで、最も重要なことは「選択肢を知ること」です。なぜなら、自分が将来なりたい姿を描けない人が、そこにたどりつくことは困難だからです。

つまり、キャリアのゴール地点を明確に描き、そこから逆算してキャリアプランを立てる必要があり、そのための選択肢を知っておくことが重要です。

世の中には実に多くの職種がありますが、日本には約1万8,000種類以上の職種があるといわれています（独立行政法人 労働政策研究・研修機構『職業名索引』参照）。そのような職種分類のなかでも、「会計系職種」は明確な分類がされておらず、なんとなく一括りにされている印象が強いのではないでしょうか。

しかしながら、実際に会計系職種にフォーカスを当ててみると、一般企業の経理職をはじめ、会計事務所や税理士法人のスタッフ、監査法人の職員など、非常に多岐にわたり、到底、容易にまとめられるものではありません。

また、会計系職種というのは、その名のとおり、「会計＝お金」に通ずる重要な仕事です。それにもかかわらず、一般的には地味で目立たない仕事だと思われていることも少なくありません。

それはなぜでしょうか？　そのことを考えた時に、「会計系職種のことがあまりにも世間に知られていない」ということが原因だと気づきました。

そこで、私たちの今までの知識や経験をもとに、「会計系職種に特化した“キャリア名鑑”を作ってみよう」という企画がもち上がったのです。

私たち執筆メンバーに共通していることは、「会計系職種に精通している」ということです。これは当然ともいえることですが、具体的には、経理・財務・経営企画といった職種や公認会計士・税理士といった士業の転職支援に特化した人材紹介会社で長く経験を積んできた者から、公認会計士として監査法人で働いてきた者、税理士として独立開業している者など、さまざまなバックグラウンドのメンバーが結集しています。

そういったメンバーですから、会計系職種における種類の多さや、それぞれの役割、魅力などを十分に理解しています。その一方で、それが世の中に伝わり切っていないことを全員が残念に感じており、本書を通して読者の皆さんにしっかりと伝えたいと、やる気十分で執筆に取り組みました。

本書の主な読者対象としては、大きく２つに分けられます。

１つは、まだ会計人材として働いた経験がなく、日商簿記検定などの資格取得を目指していたり、取得した資格を強みとして「経理などの仕事に就きたいな」とイメージを膨らませていたりする方々です。

もう１つは、すでに何らかの形で会計人材として働いた経験があり、スキルアップやキャリアアップを目指している方々です。

そのような皆さまにとって、選択肢の多さを知るきっかけにしていただきたく、会計系職種を可能な限り整理し、その特徴や概要をわかりやすく捉えられるような工夫をこらしながら、メンバーが一丸となって執筆しました。

本書を通じて得た知識が、会計人としてのキャリア選択の一助となりますことをお祈り申し上げます。

そして、会計系職種が世の中の多くの方々に認知され、１人でも多くの方々に「目指したい」と思われる職種になることを願ってやみません。

CPAキャリアサポート株式会社一同

Contents

Prologue

会計フィールドの「可能性」を知ろう！

会計の仕事に興味を持った方へ

本書を手に取られた方は、少なからず会計の仕事に興味がある方、もしくは、すでに会計に関係する仕事をしている方で、より詳しく会計系職種のキャリアについて知りたいと思っている方ではないでしょうか。

そこで、ここでは本書のイメージを少しでも膨らませていただけるように、本書を読み進めるうえでの前提となる基礎知識や考え方を述べます。

まず、会計の仕事というと、多くの方が連想するのが「経理」でしょう。そして、経理の仕事は何となく無口でおとなしい人が、カタカタとパソコンで伝票入力をしているようなイメージを持つ方が多いかもしれません。

しかし、会計系職種は経理しかないかというと、そんなことはまったくありません。少なく見積もっても、会計に関する仕事やそこから派生する仕事は100種類以上あるでしょう。

本書では、主要な会計系職種にターゲットを絞って紹介をしていきますが、会計の仕事の広がりは無限大だといっても過言ではありません。

というのも、会社が活動をしていくうえで絶対に外せないのが「お金の話」です。なぜなら、会社という存在そのものが経済活動を通じて、世の中に価値を提供していく存在であり、そこにお金の要素は不可欠だからです。つまり、「会社のお金に関する仕事＝会計」ということを考えると、**会計の仕事はすべての会社に関係する仕事である**ということがいえるのです。

そんな会計系職種ですが、整理するにはちょっとしたコツが必要になってきます。そのコツとは、**自社のための会計の仕事**と**他社に提供するサービスとしての会計の仕事**に、大きく分けられると理解することです。

前者は、まさに経理の仕事をイメージするとしっくりくるでしょう。後者は、外部のプロフェッショナルとして、会計処理や税額計算を代行する税理士法人の仕事が該当します。現段階では、これらの違いを理解することは難しいかもしれませんが、本書を読み進めていくと、何となく気づくことができると思います。

どんな業界で働ける？

前述のとおり、会計の仕事はすべての会社に関係する仕事ですから、極論すれば、会計系職種はこの世に存在する全業界で必要とされる、つまり働ける可能性があるといえます。

たとえば、何かの商品を作っている製造業（メーカー）、マンション開発や販売を行う不動産会社、ファミリーレストランを経営する飲食業など、すべての業界においてお金が関係していることから、どのような会社にも会計の仕事は存在しています。

製造業や飲食業であれば、モノや料理を作るための材料（原価）が関係しますし、不動産会社であれば用地を仕入れるために億単位のお金が必要になってきます。こういった事業特有のお金の流れを記録して管理をしているのが「経理」であり、資金を調達してくるのが「財務」の仕事だったりするわけです。

ここで、より具体的に仕事のイメージを整理していくためには、またちょっとしたコツが必要になってきます。それは、**企業の規模感**に注目するということです。

いわゆる大手上場企業というのは、売上高が数千億円～数兆円にのぼります。一方で、世の中に最も多いといわれる中小企業はどうかというと、年商は数千万円～数億円程度になります。ここから、大手上場企業では、莫大な金額のお金を取り扱うために大勢の人達がチームプレイで仕事をしているのに対して、中小企業の場合は、ごく少ない人数でお金のとりまとめをしているということが想像できるのではないでしょうか。そうなると、同じ経理の仕事でも、仕事の中身や質感は大きく異なってくるわけです。

また、経理の専任者を置くことができないような零細企業であれば、誰かに会計や税金に関する仕事をサポートしてもらえないと、円滑に企業活動を行うことができません。そこで手を差し伸べてくれるのが、会計事務所や税理士法人といった他社向けに会計サービスを提供している組織になります。そういった組織の存在を知ることができれば、また、会計系職種の広がりを理解していただけることでしょう。

「企業の規模感」に注目し、事業の大きさが何となく見えてきて、売上の規模まで見えてくると、会計処理の難易度の予想が立てられるようになってきます。さらに、業界特有のお金の流れに注目をすると、より鮮明にイメージがわいてくるかもしれません。それを自社で処理する仕事なのか、それとも他社に対して会計サービスとして提供する仕事なのかなどをていねいに整理すると、会計系職種の理解が一層深まってきます。

就職・転職活動で「資格」は必要とされる？

会計の仕事を行ううえで、役立つ**検定・資格**が数多く存在します。仕事の数も数えきれないほどに多いですが、資格の数も負けないくらいに多種多様な資格が存在します。そのなかでも、就職や転職といった場面で評価の高い資格をご紹介します。

まず、会計初心者にお薦めしたいのが、言わずと知れた「日商簿記検定３級」です。その上のステップを目指したい方には、日商簿記２級や１級もあります。

また、国家資格である税理士や三大国家資格の１つである公認会計士。また、会計業界ではメジャーな海外の資格として、米国公認会計士（USCPA）などが業界では評価されるものです。

ただし、会計の仕事に従事するうえで、資格は必ずしも必要なものではありません。新卒で入社した会社で、たまたま経理の仕事に就くことになったので、あとから日商簿記２級を取得したという方もいます。また、企業の経理部長職に就いている方が何の資格も持っていないということもめずらしいことではありません。

一方で、**独占業務**といわれる資格がないと従事できない仕事もあります。具体的には、上場企業などの監査は公認会計士にしかできませんし、税務申告や税務相談などは税理士にしかできません。就職や転職において資格は必ずしも必要ではありませんが、資格がないとできない仕事がある点には注意が必要です。

また、会計の仕事に従事するうえで、意外にも評価が高いのが「英語」に関する資格です。特に、TOEICのスコアは外資系企業やグローバル企業で働くうえで、大変重要なポイントになります。

外資系企業は社内公用語が英語であったり、帳票類がすべて英文で記載されていたりします。また、日系企業でも、大手グローバル企業における海外子会社の管理や連結決算などでは英語力が求められます。また、国家間をまたぐ企業活動においては国際税務なども関係するため、その業務に従事するポテンシャルがあるかどうかを判断される局面において、TOEICのスコアが評価されることも多くなってきます。

キャリアをどう積む？

会計系職種でキャリアを積んでいくうえで、最も重要なのは「一貫性」です。職種のジャンルとしては専門職の部類になるので、一貫したキャリアを通じて、いずれかの領域の専門性を高めることで、市場価値も高まっていきます。

たとえば、「上場企業が直面する高度な会計業務に強い」とか、「英語力が求められる外資系企業の経理経験が豊富である」といった具合です。そのためには、同じ会社である程度は長い期間働くことや、未経験の業務に従事するために転職をして新しい環境に飛び込むことが必要にもなるでしょう。つまり、自分がたどりつきたいステージを明確に意識して、そのために必要な経験を積むためのルートを逆算してキャリアプランを考える必要性があるのです。

そんなことをいわれても、右も左もわからない人はいらっしゃることでしょう。また、自分が望んだのではなく、行き当たりばったりで会計系職種に就いた人もいらっしゃると思います。

そういう人がまずすべきことは、**世の中にどのような会計系職種があるのかを知ること**です。どんなに優秀な方でも、具体的な選択肢を知らなかったら、明確な将来像を描くことは難しいでしょう。

本書で取り上げる職種について

本書では、主要な会計系職種にターゲットを絞ってご紹介をしていきます。

Part 1では、「自社のための会計の仕事」として、最もメジャーな「経理」について整理し、その延長線上にある「財務」、「税務」についてもまとめていきます。その際、重要になるのが、組織の規模や種類であるということはすでに述べたとおりです。

また、Part 2では、企業の戦略に大きな影響力を持つ「経営企画」、守りの要となる「内部監査」、根強い人気のある「管理会計」について言及します。

さらには、Part 3では、サービス業として会計の知見を提供することになる「コンサルティング」領域、流行りのM&Aに関わることの多い「FAS」系の業務、「ファンドや証券会社」といった上級な業務についても触れています。

Part 4では「CFO」や「CAO」といったCxOといわれる経営幹部の仕事や、「監査役」や「社外取締役」といったハイレイヤーの方々が従事する仕事、Part 5では「税理士」や「公認会計士」にしかできない仕事や、ニッチ領域の仕事などを一気にご紹介します。

今まであるようでなかった、会計人材のキャリアに特化した本書を、時には辞書代わりに、時には読み物として心ゆくまでお楽しみください。

Part 1

「王道の職種」から
適職を見つける

Part 1 でお話しすること

会計人「王道の職種」はコレ！

一般企業の管理部門での業務――経理・財務・税務

会計系職種のなかでも最も多いのが、一般企業における「**経理職**」でしょう。日本には400万社以上の会社があるといわれており、そのなかの多くの会社に「経理業務」を担当する部署があります。

たとえ専門部署はなかったとしても、ほとんどの会社に経理関係の業務に従事している人たちがいます。ただし、部署名は会社によってまちまちで、「経理部」のほか、「財務部」、「総務部」、「財経部」など、さまざまな名称が存在します。

本書では職種を本質的に定義するうえで明確に区分し、Chapter 1で「経理」を、Chapter 2で「財務」についてお話しします。また、会社によっては経理系の部署に統合されていることも多い「税務」については、Chapter 3で触れます。

いずれも、明確で公式な区分ルールがあるわけではありません。しかし、本書ではわかりやすさを重視して分類しています。ただし、本Partで共通しているのは「一般企業における管理部門の業務である」という点です。

企業の規模やレベルによって業務内容も変わってくる

「一般企業における管理部門の業務」といわれてもピンとこない方もいらっしゃるかもしれません。

企業内にはさまざまな部署がありますが、たとえば営業部門のように、業務が直接的に売上に結びつく部門を「直接部門」と呼びます。反対に、たとえば経理部のように、直接的に売上に結びつかない部門を「間接部門」や「管理部門」、「バックオフィス」と呼び、正式な名称があるわけではありませんが、本書では「管理部門」で統一します。

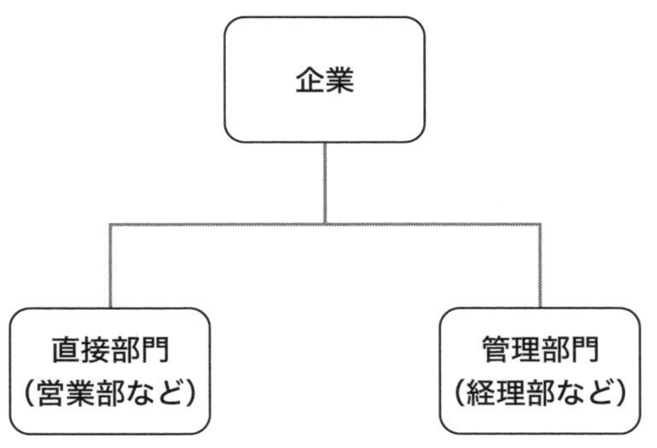

管理部門は、「企業運営をスムーズに行うこと」を主たる目的として存在しています。経理や財務以外にも、総務、人事、法務、経営企画、情報システムといった部署はもちろん、マーケティングや広報、IRといった職種も大きな括りでは含まれます。

ここで重要なのは、企業の規模やレベル感によって、管理部門の業務が大きく異なるという点です。

大手企業であればあるほど、部門は細分化される傾向が強いのに対し、中堅企業、中小企業と会社規模が小さくなるにつれ、１人の担当者が兼務をするケースが増えてきます。また、上場企業と非上場企業や、上場を目指すベンチャー企業と上場をまったく目指さない中小企業を比べても、業務の違いが見えてきます。

さらには、会社の規模やステージによって、管理部門の業務内容が大きく異なるだけでなく、部門責任者（部長など）、中間管理職（課長、経理マネージャーなど）、スタッフ職（経理スタッフなど）といった職位の違いによっても、業務の広さや責任が大きく異なってきます。

まとめ

本Partでは、一般企業の管理部門のなかでも、会計系職種として代表的な経理・財務・税務をとりあげます。そして、企業の大きさやレベル感、職位といった観点でも整理をしていきます。

Chapter 1 「経理」の仕事がしたい！

Section 1 経理ってどんな仕事？

経理とは

まず、お金に関する記録、計算、管理全般のことを総じて**会計**と呼びます。その会計のなかのお金の処理の１つとして「経理」があります。

あまり知られていないのですが、「経理」とは経営管理の略称、主に**公的な会社業務につながるお金の処理を担当**するのが「経理」の仕事です。

代表的な業務としては、伝票起票、帳簿記帳、請求、支払い、税金の申告、決算書作成などがあげられます。

主な業務内容

経理業務は大きく、「日々の経理業務」、「月次の経理業務」、「年次の経理業務」の３つに分けることができます。

❶ 日々の経理業務

「日々の経理業務」としては、現金の出納管理、立替経費の精算、伝票の記帳・整理等が代表的なものとしてあげられます。

❷ 月次の経理業務

次に、「月次の経理業務」をあげると、取引先への請求書発行、入金確認、反対に取引先からの請求に対する支払い、社員に対する給料の支払い業務などがあります。

一般的には締日を設けて、まとめて集計・処理をします。支払い業務に関連しての資金繰りや、請求業務に関連しての滞留債権の回収も重要な業務の１つです。

❸ 年次の経理業務

最後に、「年次の経理業務」について、３月が決算期の企業を前提にした場合の業務スケジュールは、次のようなイメージになります。

４～６月までは、年次決算関係の仕事が目白押しです。３月の終わりから、年次決算に向けての準備が始まり、実地棚卸や現金等の残高確認といった決算作業、法人税や消費税の確定申告、株主総会での計算書類の報告と続きます。この時期が一般的な企業における経理の最繁忙期といわれます。

また、年次決算とは別に、１～２月にかけて行う予算編成も経理の大事な仕事の１つです。業績の着地見込みや各部署への予算策定方針の伝達、部門予算の集計といった業務を行います。

日々の経理業務一覧

現金の出納管理	現金の出納管理、日々の残高確認
従業員の立替経費精算	経費の精算業務や仮払金の払出し、精算業務を行う。
伝票の起票、整理	販売や棚卸資産を含む、仕分けが発生する取引について伝票を起票し、証拠書類とともに整理する。
受注・出荷・売上の集計	販売業務で発生する受注・出荷・売上に関する情報を、会計システム内に取り込む。
棚卸資産の受払処理の確認	棚卸資産の購入・検収を受けての受入処理や倉庫間移動、売上に伴う出庫の確認を行う。
取引先の信用分析や新規登録	新規に取引する得意先の信用情報を調査し、取引先の新規登録を行う。

月次の経理業務イメージ

上旬	・売上代金の請求や回収管理業務：請求書の作成・送付、売上の仕訳、入金の確認・仕訳 ・源泉所得税や住民税の納付：前月支払った給料から天引きした所得税や住民税の納付（納付期限は毎月10日）
中旬	・帳簿の整理（前月末の帳簿をもとに）：月割り経費の確認、月次棚卸の確認や帳簿付け、前払金・未払金の確認、試算表作成、消費税額の確認等
下旬	・給料計算：支給額の計算、社会保険料・源泉所得税などの控除額の計算、支払業務、給料の仕訳 ・仕入等の金額の整理・支払い：各支払先への支払金額の整理、振込依頼や振込・支払業務、支払いに関する仕訳

年間業務スケジュール

		共通業務	上場企業限定業務	
4月	繁忙	決算作業		決算手続きの完了には、年次決算で1～2ヵ月強、四半期決算は1ヵ月強の作業期間を必要とするのが一般的。税務申告は通常、決算日から2ヵ月以内が申告書の提出期限だが、1ヵ月の延長申請も認められる。
5月	繁忙	決算資料作成	有価証券報告	
6月	繁忙	税務申告、株主総会		
7月		労働保険の更新	四半期決算	
8月	閑散			
9月		中間決算書作成（会社の方針次第）		
10月	閑散		四半期決算	
11月		中間申告、納税		
12月		年末調整		
1月	繁忙	償却資産税、法定調書	四半期決算	経営計画策定は、事業年度が始まる2～3ヵ月前には行うことが一般的。 経営計画や予算の作成には1～2ヵ月かかるので3月決算の場合は担当業務によっては1～3月も繁忙期になる。
2月	繁忙	予算の立案		
3月	繁忙	実地棚卸、残高確認	内部統制報告	

会社の種類による業務の違い

経理業務は、会社の規模やステージ、上場企業か否か、子会社の有無によって業務範囲が大きく異なってきます。

大枠としては、以下の6種類に分類することができます。

- **大手上場企業**
- **新興上場企業**
- **ベンチャー企業**
- **上場子会社**
- **中小企業**
- **外資系企業**

それぞれの特徴について、次のSection以降でご紹介します。

Column　ケース１：未経験から経理職に就くには？

私たちCPAキャリアサポート株式会社は会計人材に特化した就職・転職のサポートを行っています。20年以上の支援実績があるベテランのキャリアアドバイザー（CA）も在籍し、ノウハウも豊富です。ここでは、求職者から私たちに多く寄せられる相談内容について、対話形式で回答していきます。ケース１は、未経験からの転職を希望するAさんです。

求職者A

経理職に興味があるのですが、どのようにしたら未経験から転職できるのかまったくわかりません…。

CA

現在は経理とは全く関係のないお仕事をしていらっしゃるのですね。その場合は、まず、日商簿記３級の勉強から始めてみてください。そして、もし日商簿記３級を取得できたら、さらに頑張って勉強を続けて日商簿記２級まで取得してください。そうすれば、未経験からでも経理職に就ける可能性が飛躍的に高まると思います。

求職者A

あと、年齢的な制限も気になっています…。どんな企業で働くことができるのでしょうか？

CA

正直なところ、若ければ若いほど有利であることは確かです。しかし、パートやアルバイトといった勤務形態からであれば、30代や40代でも就業できる場合があります。新卒の場合は、上場企業に就職し、経理職に就くこともあります。一方、転職の場合は、非上場企業の経理職が多いと思います。また、個人会計事務所や小規模な税理士法人のパートやアルバイトとして経験を積んでから、企業の経理職に転職をするというパターンもあります。

求職者A

どんな業務からスタートして、どのようにキャリアアップを目指すとよいでしょうか？

CA

まずは、小口現金の管理や少額の経費精算、請求書の発行や簡単な振り込み業務など日々の経理事務から行うことになることが多いと思います。使用している会計ソフトをはじめ、Excelやスプレッドシートなど表計算ソフトに慣れることなども重要です。その次のステップとして、月次決算に関する業務経験を積めると、経理人材として徐々に市場価値が高まってきます。

Section 2

大手上場企業・経理のジョブノート

大手上場企業の特徴

数千人〜数万人の社員数を誇る大手上場企業の場合、担当業務によってチームが分かれており、部内でも組織が細分化されているため、経理担当者は各特定分野の業務を専門的に行っていることが多いです（単体決算チーム／連結決算チーム／管理会計チームなど）。

業務が細分化されすぎている企業だと、ニッチ分野に特化したキャリアに偏る傾向はあります。しかし、大手上場企業の経理職は、業務内容的にもステータス的にも、優れたキャリアの１つであり、会計系職種における憧れの存在といっても過言ではないでしょう。

評価される資格、スキル

- 日商簿記２級・１級
- 公認会計士、公認会計士試験合格者（短答式試験合格者含む）
- 税理士、税理士科目合格者
- USCPA（米国公認会計士）
- PCスキル（Excelでの資料作成など）
- 英語力（海外子会社管理など）
- IFRSの知識、業務経験のある方
  ※大手上場企業の場合、IFRS（国際会計基準）を導入している企業が増えてきている。

働き方

十分な人員数と、適切な人員配置がなされていれば、残業がほとんどない大手上場企業もあります。また、十分な休日数に加えて、リモートワークやフレックスタイム制度などが導入されているケースも多いです。そのため、ワーク・ライフ・バランスを整えることも可能です。

さらに、福利厚生制度や各種手当も豊富に揃っているので、長期就業を望む方にとって魅力的な環境といえます。ただし、会社によっては繁忙期の残業が過多になるケースもあるので、十分な見極めが必要です。

年収一例（万円）

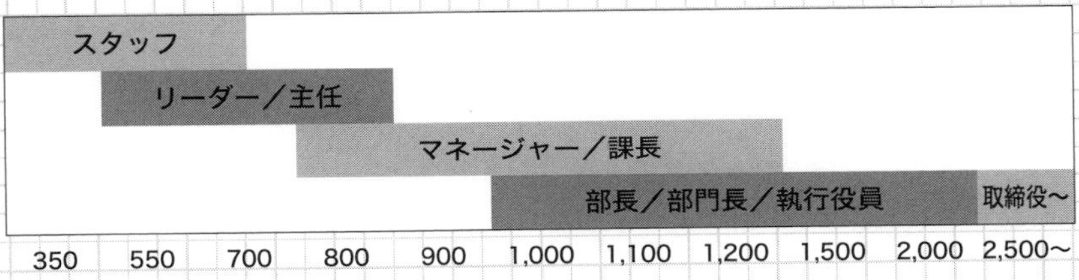

350	550	700	800	900	1,000	1,100	1,200	1,500	2,000	2,500～
スタッフ	スタッフ	スタッフ								
	リーダー／主任	リーダー／主任	リーダー／主任							
			マネージャー／課長	マネージャー／課長	マネージャー／課長	マネージャー／課長	マネージャー／課長			
					部長／部門長／執行役員	部長／部門長／執行役員	部長／部門長／執行役員	部長／部門長／執行役員	部長／部門長／執行役員	取締役～

転職前／転職後の職種

転職前は何していた？		転職後は何している？
新卒学生（大学、大学院、専門学校）	大手上場企業で働く	経理、財務、経営企画（上場企業）
既卒（資格勉強専念）		経理（IPOベンチャー企業）
経理（上場・非上場問わず）		監査役
会計事務所・税理士法人		内部監査
銀行・証券などの金融機関		CFO、役員

POINT

上場企業で経験を積むことで、あらゆるステージへ転職の可能性が広がります。

たとえば、IPOベンチャーのような、これから自社の会計基準を上場ベースに組み替える企業では、上場企業での経験は大変重宝されます。

一方で、ベンチャー企業では、経理を含む管理部門が未整備であることもかなり多いため、業務フローや管理体制が整っている上場企業からベンチャー企業へ転職する場合、環境やカルチャーの違いにより、転職後になじめずミスマッチとなってしまうリスクもあるので注意が必要です。

また、上場企業の人材採用では上場企業での勤務経験の有無を重視する傾向もあります。そのため、よりレベルの高い、規模の大きい上場企業へ移って、キャリアアップをする人が多い傾向にあります。

Section 3
新興上場企業・経理のジョブノート

新興上場企業の特徴

新興上場企業とは、新興企業（いわゆるベンチャー企業）でありながら、東京証券取引所（東証）のグロース市場などに上場する企業の総称です。

東証は、市場構造のあり方を改めて見直すことを目的に、2022年４月から、プライム市場・スタンダード市場・グロース市場の３つに再編成されました。そのなかでも、グロース市場は、成長性の高い新興企業向けの市場となっています。

東証の発表によれば、2022年にグロース市場としてスタートした企業は459社で、ライフネット生命保険株式会社や株式会社メルカリのような知名度の高い企業もあります。

評価される資格、スキル

- 日商簿記２級・１級
- 公認会計士、公認会計士試験合格者（短答式試験合格者含む）
- 税理士、税理士科目合格者
- 経理業務以外の経営管理業務経験もしくは知識（人事／総務／法務／労務等）
- 上場企業での実務経験

働き方

働く環境としては、各企業のカルチャーや業界によっても大きく異なりますが、ベンチャー企業の延長線上といった色合いが強いです。

なかには、柔軟な働き方ができる制度やユニークな福利厚生を売りにしている企業もあります。

しかし、大手上場企業ほどの充実度は期待できないのでセルフコントロールも大切です。

年収一例（万円）

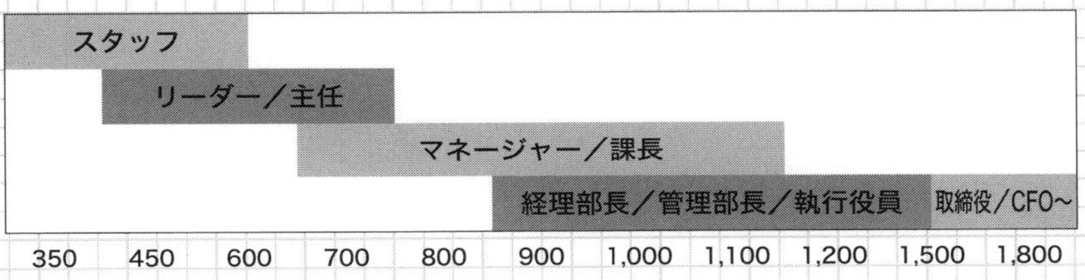

役職	年収
スタッフ	350〜600
リーダー／主任	450〜800
マネージャー／課長	700〜1,200
経理部長／管理部長／執行役員	900〜1,500
取締役／CFO〜	1,500〜1,800

350　450　600　700　800　900　1,000　1,100　1,200　1,500　1,800

転職前／転職後の職種

転職前は何していた？		転職後は何している？
新卒学生（大学、大学院、専門学校）	新興上場企業で働く	経理（上場企業）
既卒（資格勉強専念）		経理（IPOベンチャー企業）
経理（上場・非上場問わず）		監査役
会計事務所・税理士法人		内部監査
銀行・証券などの金融機関		CFO、役員

POINT

新興上場企業の経理には、上場企業とベンチャー企業双方のメリット・デメリットをあわせ持った特徴があります。

たとえば、ベンチャー企業でありながら、会計処理は上場基準であるため、四半期ごとの決算、開示業務、ステークホルダー（株主など）への説明報告、内部統制、内部監査などの業務が発生します。

大手上場企業のような規模の大きい組織では、これらの業務はそれぞれのチームごとに担当業務が分けられ、基本的に担当業務のみを行うため、もしそのほかの業務を経験したい場合は、ジョブローテーションなどによる異動を待つ必要があります。しかし、新興上場企業の場合は、大手に比べて会社規模が比較的小さい場合が多いので、業務が細分化されておらず、担当者が網羅的に上場基準の会計業務を経験することができる可能性が高いです。

Section 4
ベンチャー企業・経理のジョブノート

ベンチャー企業の特徴

ここでは、セクション6「中小企業」(p.22〜)との区別をするため、IPO(新規株式公開)準備企業を「ベンチャー企業」と定義します。

まだ規模の大きくないベンチャー企業のなかには、会計業務をすべて外部に委託(アウトソース)している企業もあります。しかし、上場するには、基本的にすべての経理業務を内製化、つまり自社で行う必要があります。さらには、さまざまな厳しい審査基準をクリアしなければなりません。

具体的には、以下のようなことを自社で自前で行う必要があります。

・会計基準を上場ベースに組み替える。
・過年度(5年)分の決算書を新しい基準で提出する。
・月次決算を5営業日以内に締める。
・財経分離＝出納と記帳を別の担当者で行う。
・四半期において45日以内に決算短信と有価証券報告書を提出する。
・有価証券報告書(Iの部)を作成する。　など

IPO準備中には、経理以外の業務も増えることが予想されます。たとえば、各種規程の整備等は上場準備室や上場準備プロジェクトが設置されて行われることも多いですが、経理担当者がそのプロジェクトを兼務することがあります。少なくとも「内部統制の評価」が義務づけられますので、経理関連の規程整備は最低限、求められることになるでしょう。

このように、IPO準備企業での経理の担当業務は多岐にわたり、多くの知識や経験が蓄えられます。そのため、このフィールドで経験を積んだ人材は、ほかのIPO準備企業はもちろん、すでに上場している企業においても高く評価されます。

評価される資格、スキル

● 日商簿記2級・1級
● 公認会計士、公認会計士試験合格者(短答式試験合格者含む)
● 上場企業での実務経験
● IPO準備企業での実務経験

働き方

IPOを目指すベンチャー企業では、かなり忙しくなることが予想されます。一方で、少しでも優秀な人材が獲得しやすくなるように、働きやすさを重視した人事制度を取り入れている企業も多くあります。なかでも、フレックスタイム制度やリモートワークなど、柔軟な働き方を導入する企業は思った以上に多いです。

年収一例（万円）

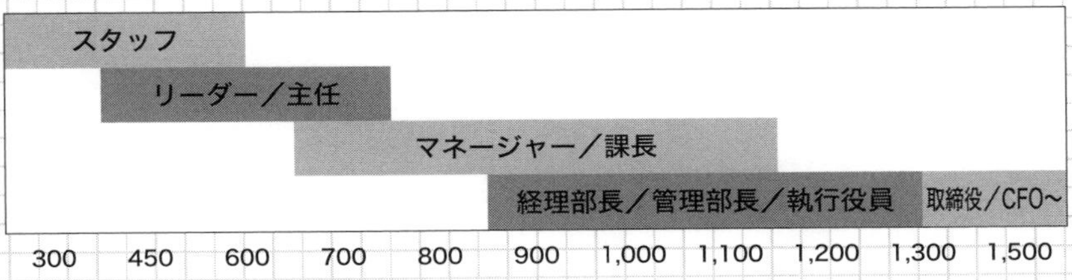

役職	年収の範囲（万円）
スタッフ	300〜600
リーダー／主任	450〜800
マネージャー／課長	700〜1,200
経理部長／管理部長／執行役員	900〜1,300
取締役／CFO〜	1,300〜1,500

300　450　600　700　800　900　1,000　1,100　1,200　1,300　1,500

転職前／転職後の職種

転職前は何していた？		転職後は何している？
新卒学生、既卒（資格勉強専念）	ベンチャー企業で働く	経理（上場企業）
経理（上場・非上場問わず）		経理（IPOベンチャー企業）
会計事務所・税理士法人		内部監査、監査役
銀行・証券などの金融機関		CFO、役員

POINT

ベンチャー企業の大きな魅力の１つとして、ストックオプション制度があげられます。これは、従業員や役員が、自社株をあらかじめ定められた価格で取得できる権利のことです。その付与数や、仮に上場した場合の将来的な株価の上昇によっては、数百万円〜数千万円、役員であれば数億円にも及ぶ時価に変動する可能性を秘めた、非常に夢のある制度です。

Section 5

上場子会社・経理のジョブノート

上場子会社の特徴

上場子会社とは、上場している親会社からの出資があり、経営の支配権をその親会社が持つ会社のことです。

たとえば、ソニーグループは約1,500社（2022年３月31日現在で連結子会社は1,488社）もの子会社を有していますが、この1,500社は実質すべて親会社であるソニーが支配権を持っています。つまり、ソニーグループが連結決算をする時、この1,500社のデータを取りまとめ、決算内容を発表することになります。それに伴い、子会社側の経理担当者は、子会社自体は上場会社ではなかったとしても、上場会社として求められる会計基準に則った決算業務を行う必要があります。

仮に、M&Aにより非上場会社が上場会社グループの連結子会社となった場合、子会社となった会社の経理担当者は、次のような対応が求められます。

- 税務会計から企業会計への変更
- グループ会計方針への適合
- 時価に関する情報の提示
- J-SOX対応
- 子会社化に伴う留意すべき税制への準備
- 予算関連資料の提出
- 決算スケジュールの確認
- 監査対応　など

これは一例にすぎませんが、これだけを見ても業務領域が格段に増えます。ただ、上場企業により近いレベルの経験を積むことができるので、経理担当者としての市場価値を上げることが可能です。

評価される資格、スキル

- 日商簿記２級・１級
- 公認会計士、公認会計士試験合格者（短答式試験合格者含む）
- PCスキル（Excelでの資料作成など）

働き方

上場基準の経理が求められるとはいえ、親会社のように開示業務や株主総会対応などの必要はなく、残業も比較的少ない環境であることが多いです。それでいて、人事制度や福利厚生は親会社に準ずるケースも多いです。

加えて、リモートワークやフレックスタイム制度などが導入されていたり、各種手当が揃っていたりするので、安定して長期就業を望む方に魅力的な環境といえるでしょう。

年収一例（万円）

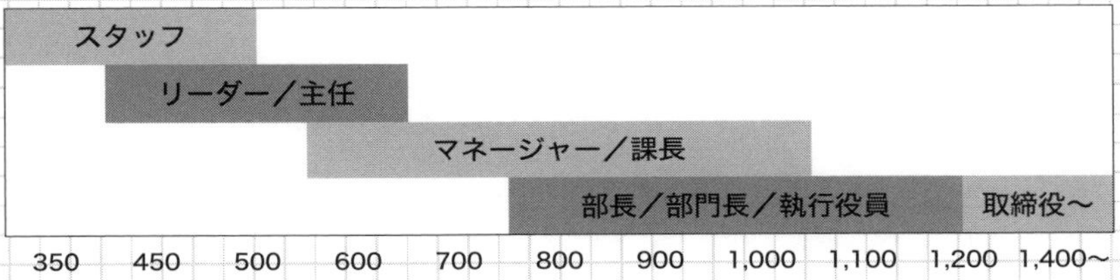

役職	年収
スタッフ	350～500
リーダー／主任	450～700
マネージャー／課長	600～1,100
部長／部門長／執行役員	800～1,200
取締役～	1,200～1,400～

350　450　500　600　700　800　900　1,000　1,100　1,200　1,400～

転職前／転職後の職種

転職前は何していた？		転職後は何している？
新卒学生（大学、大学院、専門学校）	上場子会社で働く	経理（上場企業）
既卒（資格勉強専念）		経理（IPOベンチャー企業）
経理（上場・非上場問わず）		監査役
会計事務所・税理士法人		内部監査

POINT

企業の安定性や年収アップなどを考えた場合、大手上場企業は大変優れており、企業数から考えても倍率も高く、転職の難易度は高いといわざるを得ません。しかし、上場子会社で実務経験を積むことで、上場企業への転職成功率を格段に上げることができます。加えて、会計系の資格や英語力があるとより確率が上がります。

また、子会社は親会社に比べ小規模であることが多いので、会社全体の経理業務を経験できるなどのメリットもあります。一方で、親会社に比べると年収水準が低くなるケースや、親会社からの出向者により部長クラス以上の役職が埋まり出世が期待できないケースがあるなど、子会社ならではのデメリットもあります。

Section 6

中小企業・経理のジョブノート

中小企業の特徴

日本にある会社の99%以上が中小企業だといわれていますが、多くの中小企業において、管理部門の人数は必要最低限な組織であることが一般的です。そのため、経理担当者が、経理業務以外の労務や総務など管理部門の幅広い業務を担当しているケースもめずらしくありません。さらには、経理や労務を含めた管理部門をほぼすべて外部委託（アウトソース）する中小企業もあります。

そのため、会計系職種に特化した専門性を高めることは難しいですが、一方で、会計業務を含めた経営管理業務全般（総務・法務・人事・労務等）の流れや仕組みを網羅的に理解し、経験することができます。

経営管理は組織のマネジメント職や経営幹部にとって必ず必要な知識なので、その能力を早いうちから身につけられるということは、中小企業で働くことの大きな魅力の１つといえるでしょう。

評価される資格、スキル

- 日商簿記２級
- 経理業務以外の経営管理業務経験もしくは知識（人事／総務／法務／労務等）

働き方

上述したように、会計業務を含めた経営管理業務全般を担当する場合、どの程度の広さの業務領域を兼任するのかによって、忙しさや働き方は大きく変わってきます。しかし、担当業務が経理に絞られる場合、中小企業のほとんどが非上場企業であるため、IPO準備企業や大手上場企業のような上場基準の会計処理もなく、年に４回も決算書を作る必要もないので、比較的繁閑の波がない、落ち着いた職場環境であることも少なくありません。

一方で、昔ながらの風土の会社や、独自のルールを持っている会社が中小企業には多いのも事実です。可能な限り、入社前にそのような情報を入手して納得感をもって働けるようにすることも大切です。

年収一例（万円）

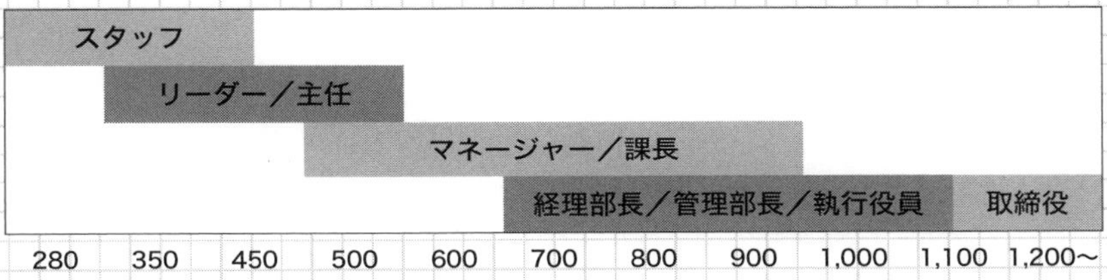

職位	年収
スタッフ	280〜450
リーダー／主任	350〜600
マネージャー／課長	500〜1,000
経理部長／管理部長／執行役員	700〜1,100
取締役	1,100〜1,200〜

280　350　450　500　600　700　800　900　1,000　1,100　1,200〜

転職前／転職後の職種

転職前は何していた？	中小企業で働く	転職後は何している？
新卒学生（大学、専門学校、商業高校） 既卒（資格勉強専念）		経理（中小企業やベンチャー企業）
経理（上場・非上場問わず）		上場経理 ※資格の有無や、経験と年齢とのバランス次第
会計事務所・税理士法人		会計事務所・税理士法人

POINT

中小企業における経理業務のポイントは、税務会計に重きが置かれているという点です。税務会計とは、企業の活動状況を基に税額を計算し、国や地方自治体に税務申告をするために行う会計です。

非上場企業では、株主と経営者が一致することが多いので、株主を中心とした外部利害関係者に経営成績を報告することが、上場企業に比べるとそこまで重要ではありません。したがって、いかに適切に税金を納めるかという点が重視される傾向にあります。

また、非上場企業は、証券取引所に株式を公開していないため、有価証券報告書の提出義務がありません。決算に関する書類は、会社法や法人税法で義務化されている年次の書類のみ作成すればよいなど、上場企業に比べて経理業務がシンプルです。

Section 7

外資系企業・経理のジョブノート

外資系企業の特徴

外資系企業とは、本社が海外にあり、日本に現地法人として設立されている会社のことです。株式会社のほかに、合同会社などもあり、場合によっては日本企業の資本が一部入っていることもあります。しかし、基本的には本国の会社が100%出資していることが多いです。

本国の親会社から見た場合、日本法人は世界中の一拠点にすぎず、原則として本国の規程や方針に従わなければなりません。業務では英文の契約書や請求書を読むことも多く、業務に支障のないレベルの英語力が必要です。一方で、日常の経理業務は、基本的に日系企業と大きく異なることはなく、一般的な商業簿記の知識があれば対応可能です。ただし、外資系企業では本国の親会社に会計報告をするため、日本基準から本国の基準に従った会計報告書類（財務諸表）に変換する必要があります。また、本国側へ報告する場合には、本国通貨に換算しなければなりません。よって、レート変動による為替リスクが常に存在します。他に、会計基準は諸外国のものを適用できますが、税務申告は日本の税法に従います。

組織の特徴としては、本社から経営陣が出向してきていることも多く、海外の本社が株主でもあるので、本国の意向・社風の影響を強く受けます。日系企業と比較すると、年功序列ではなく成果主義であることが多く、昇給・昇格も早いばかりか、年収水準も高めです。ただし、日本法人が国内の法人として独立性が高い場合、社風や給与、評価制度なども、他の日系企業とよく似ているケースもあります。

評価される資格、スキル

- 日商簿記２級、USCPA（米国公認会計士）
- 米国基準（USGAAP）やIFRS（国際会計基準）の知識や業務経験
- 外資系で必要な英語力：TOEIC700点前後（理想は830点以上）

働き方

日系企業と外資系企業では、残業に対する考え方が大きく異なります。外資系企業では、「遅くまで残って仕事をしている＝時間内に仕事を処理できない能力の低い人」と見なされる傾向にあります。そのため、外資系企業は残業が少なく、休日もしっかり休めるというイメージが一般にも定着しているようです。

また、外資系企業は人件費に対しても合理的であり、余剰人員を抱える＝利益率が下がると考え、必要最低限の人員で作業を行うため、１人当たりの業務量が日系企業よりもやや多い傾向にあります。時差のある本国とのオンラインミーティングなどは、日本時間の深夜または早朝に行うため、慢性的な残業は少ないものの月末月初が忙しくなる傾向があります。日系企業のワーク・ライフ・バランスとは多少異なる要素もあるので注意が必要です。

年収一例（万円）

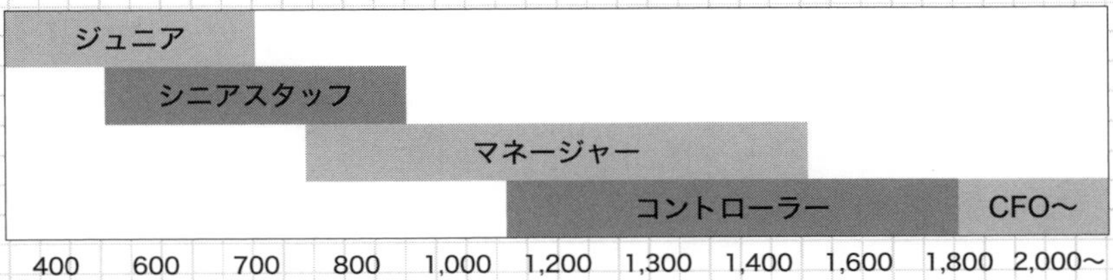

ジュニア
シニアスタッフ
マネージャー
コントローラー
CFO〜

400　600　700　800　1,000　1,200　1,300　1,400　1,600　1,800　2,000〜

転職前／転職後の職種

転職前は何していた？		転職後は何している？
経理（外資系企業、日系企業問わず）	外資系企業で働く	英語力歓迎の大手グローバル企業
会計事務所・税理士法人		外資系企業（経理、FP&Aなど）

POINT

外資系企業は、高い専門性を発揮する「ジョブ型雇用」であることが一般的です。そのため、中途採用ではスペシャリストとしての専門性が求められることが多く、転職時には当該業務の実務経験が必須である企業が多いです。

未経験の人材が外資系企業への就業を検討している場合には、一定の会計知識に加えて、外資系企業に歓迎される会計系資格（特にUSCPA）や、高い英語力（TOEIC900点以上）があると就職できる可能性が一気に高まります。

Chapter 2 「財務」の仕事がしたい！

Section 1 財務ってどんな仕事？

財務とは

会計の仕事における代表的な業務として経理があり、経理業務は日常的な入出金管理や伝票の起票、帳票作成などから、決算書の作成や税金の申告などまであるとお話ししました。一方で、**財務**では、経理によって作成された決算書などをもとに、財務戦略の立案や資金の調達を行います。

簡単に整理すると、「経理は過去の会計、財務は未来の会計である」といえるでしょう。

・経理→過去に生じたお金の流れを管理する**過去会計**

・財務→企業がこれから動かす予定のお金を管理する**未来会計**

主な業務内容

企業が事業を展開していくうえで必要となる資金を管理し、必要に応じて最適なスキームで資金を調達、そして調達した資金をどのように運用して、利益につなげていくのかという、企業の「これから＝未来」に関する戦略的な業務が、財務の仕事です。そのため、会計に関する専門知識だけではなく、金融機関やステークホルダーとの交渉力・折衝力やビジョンを描く企画力も求められます。

財務の代表的な業務は、以下のとおりです。

❶ 財務戦略の検討・立案

企業の決算書を細部まで分析し、問題を洗い出し、資金調達や資産運用、予算編成など、企業の方向性を定める非常に重要な業務です。

「経費が大きくなりすぎてしまった」、「予算が足りない」、「運転資金が足りない」といった経営状況に直結する財務面の問題を未然に防ぐことで、健全な財務体質を作り、企業価値の向上にも貢献します。

❷ 予算編成・資金管理

各事業や各部署、各プロジェクトに割り振る予算の配分を決めて、計画どおりに予算が使われているかを管理します。

たとえば、プロジェクトの途中で予算が枯渇し、資金不足によってプロジェクトの遂行が不可能になってしまう事態は回避しなければなりません。そのため、最適な予算を編成し、予算の使用状況などに常に注意を払う必要があります。

予算が底をついてしまいそうな場合には、各事業や他部署の予算を回してもらうための調整をしたり、追加の資金調達を検討したりする必要があります。

❸ 資金調達・ファイナンス（銀行融資、株式発行など）

財務業務のなかでも最も代表的でインパクトのある花形業務です。資金調達とは企業が資金を調達・運用することですが、その目的は資金をもとにしたあらゆる投資により企業価値を向上させることです。

企業は銀行からの借入れ（デット・ファイナンス）や新株発行（エクイティ・ファイナンス）などあらゆるファイナンス・スキームから最適な手段を選び、調達した資金の最大化を目指します。

ベンチャー企業のCFO（最高財務責任者）が求められる経験・スキルの1つとして、耳にする方も多いのではないかと思います。いずれにしても、企業の窓口となってあらゆる交渉を行う必要があるため、財務職には高いコミュニケーションスキルも求められます。

❹ 余剰資金や資産の運用（投資、M&Aなど）

安定した経営を続けていれば、予想以上の収益が上がったり、コストカットが想定以上にうまく機能したりして、余剰資金が生じることがあります。そういったお金をうまく運用することで企業価値の向上に貢献することも可能です。

その代表例が資産運用です。運用が成功すると余剰資金がさらに増えるので、より積極的な投資活動（M&Aや新規事業開発、優秀な人材の採用など）がしやすくなります。余剰資金や資産を上手に使って、投資やM&Aを行い、財務面から会社の利益に貢献していくことができます。

以上のような財務の業務は、経営の根幹をなす重要な業務といえます。しかし、企業の規模やステージによっては財務の専任担当が不在であったり、経理や総務の担当者が財務業務も兼務していたり、場合によっては財務業務を重要視していない中小・零細企業も少なくありません。一方で、昨今では国内でもCFOという肩書きが市民権を得たことなどから、財務部門の地位や注目度は年々高まってきています。

会社の種類による業務の違い

財務業務も経理同様に会社の規模やステージによって業務領域は多種多様です。大枠の分類としては、大手上場企業、ベンチャー企業の２種類に分類することができます。それぞれの特徴については、次のSection以降にてご紹介します。

Column　ケース２：上場企業で働くには？

私たちCPAキャリアサポート株式会社は会計人材に特化した就職・転職のサポートを行っています。20年以上の支援実績があるベテランのキャリアアドバイザー（CA）も在籍し、ノウハウも豊富です。ここでは、求職者から私たちに多く寄せられる相談内容について、対話形式で回答していきます。ケース２は、非上場企業からの転職を希望するBさんです。

求職者Ｂ

非上場企業の経理実務経験はあるのですが、上場企業で働きたいと思っています。どのように転職活動するといいでしょうか？

CA

たとえば、株式公開（IPO）準備をしている会社で、IPOが成功すれば自ずと上場企業になります。また、もしIPOが達成できなかったとしても、上場基準の会計実務経験をある程度、積むことができ、そうすれば、新興上場企業から評価をされることも多く、転職できる可能性が十分にあります。ただし、いきなり大手上場企業に転職することは難しいので、まずは新興上場企業で一定期間経験を積んでから、よりステージの高い上場企業を目指してさらなるキャリアアップ転職を行っていくというのが王道です。

求職者Ｂ

大手上場企業への転職で、年齢の条件は関係しますか？

CA

大手上場企業は、新卒採用を中心に人員補充をしますので、中途採用の数には限りがあります。また、上場企業は基本的に上場企業出身者を好む傾向が強いです。35歳を過ぎたあたりからは役職（係長、課長、部長など）に就く人も出てくるため、40歳を過ぎると上場企業での勤務経験と役職経験のある方でないと、転職が厳しくなってくるのが一般的です。そのため、できるだけ30代半ばまでに転職をすることをおすすめします。
ちなみに大手上場企業の監査やアドバイザリー業務に従事してきた公認会計士や、大手上場企業向けの税務を行ってきた税理士といった有資格者は、直接、大手上場企業に転職をすることが可能です。ただし、その場合も30代半ばまでに転職しておくほうが有利です。

Section 2
大手上場企業・財務のジョブノート

大手上場企業の特徴

数千人～数万人の社員数を誇る大手上場企業の場合、前述した経理と同様、財務についても担当によってチームが分かれているため、財務担当者は各特定分野の業務を専門的に行っていることが多いです。たとえば、資金調達チーム、財務戦略チーム、予算・資金管理チーム、資産運用チームなどがあります。

業務範囲こそ狭まりますが、各業務における専門性を高められることが期待できるので、スペシャリストとしてキャリアを築きたい方にはマッチするでしょう。

評価される資格、スキル

- 日商簿記２級・１級
- 公認会計士、税理士、USCPA（米国公認会計士）
- 公認会計士試験合格者
- 証券アナリスト
- 英語力

※大手上場企業の場合、グローバルに事業を展開している企業も多く、海外送金業務や外国為替業務、また海外投資家に向けた資料作成業務や折衝も発生するため、英語力もあると評価されます。

働き方

職種に関係なく、大手上場企業の場合は、十分な休日数に加えて、リモートワークやフレックスタイム制度などが導入されているケースが多く、ワーク・ライフ・バランスを整えやすい環境です。

さらに、豊富な福利厚生制度や各種手当等も揃っているので、安定して長期就業を望む方に魅力的な環境です。

一方で、歴史の長い企業には独自のカルチャーが根付いていることも少なくありません。早朝の出勤が暗黙のルールになっていたり、有給休暇が思うように取り難いなど、想定外のことが生じるリスクもありますので事前によく確認をしておきましょう。

年収一例（万円）

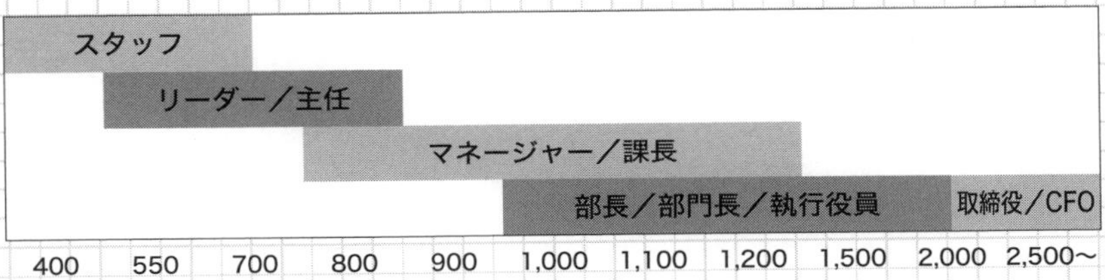

400	550	700	800	900	1,000	1,100	1,200	1,500	2,000	2,500～
スタッフ	スタッフ	スタッフ								
	リーダー／主任	リーダー／主任	リーダー／主任							
			マネージャー／課長	マネージャー／課長	マネージャー／課長	マネージャー／課長	マネージャー／課長			
					部長／部門長／執行役員	部長／部門長／執行役員	部長／部門長／執行役員	部長／部門長／執行役員	部長／部門長／執行役員	取締役／CFO

転職前／転職後の職種

転職前は何していた？		転職後は何している？
銀行・証券などの金融機関	大手上場企業で働く	財務部門（同規模の事業会社）
会計事務所・税理士法人		経営企画部門（同規模の事業会社）
経理・財務（上場・非上場問わず）		CFO

POINT

財務は、中小企業では社長みずからが行っていることも多い業務で、企業に与えるインパクトがとても大きいです。大手企業でも、財務部の影響力がほかの部署よりも大きいこともあり、出世コースの登竜門としてジョブローテーションに組み込まれることもあります。

そのため、すでに大手上場企業の財務部門で働いている場合には、安定した就労環境を活かし、腰を据えてじっくりとキャリアアップやスキルアップをしながら長期就業することが最善の選択になるでしょう。

Section 3

ベンチャー企業・財務のジョブノート

ベンチャー企業の特徴

ベンチャー企業における財務の役割は、主に「資金調達（ファイナンス）」と「財務マネジメント」の２つがあげられます。ベンチャー企業では、新規事業の立ち上げに伴い、設備投資や人材確保など多くの資金が必要となるため、企業が成長するうえで資金調達（ファイナンス）は非常に重要な役割となります。

一方で、資金が枯渇すれば企業は倒産してしまうため、会社のお金の実態を数字で把握し、近い将来の資金繰りも予測しながら、資金が不足しないよう早めに手を打ち、経営状態を改善させる守りの業務（財務マネジメント）も財務としての重要な役割といえます。

評価される資格、スキル

- 日商簿記２級・１級
- 公認会計士、税理士、USCPA（米国公認会計士）
- 公認会計士試験合格者
- 証券アナリスト
- 論理的思考力、コミュニケーション能力

働き方

経理と比較すると財務はスポット業務もあり、スケジュールは読みにくいですが、経理と同様に、期末は繁忙期になりやすいです。

また、ベンチャー企業ではIPO準備を進めている企業も多く、その進捗状況によっては１年を通してずっと忙しく、深夜帰りが続くようなこともあるでしょう。

ベンチャー企業の資金調達は、会社の生死を握る重要な業務で瞬発力が求められることもあるので、ワーク・ライフ・バランスを重視する方には向かないかもしれません。

年収一例（万円）

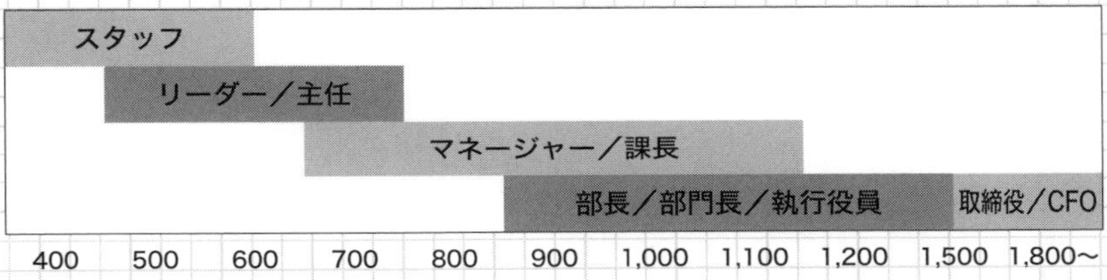

職位	年収
スタッフ	400〜600
リーダー／主任	500〜800
マネージャー／課長	700〜1,200
部長／部門長／執行役員	900〜1,500
取締役／CFO	1,500〜1,800〜

400　500　600　700　800　900　1,000　1,100　1,200　1,500　1,800〜

※ベンチャー企業では、社長が財務業務を行っている、もしくはCFOに財務業務を一任しているケースも多いため、ベンチャー企業における財務担当者はCFOやCFO補佐（スタッフ〜マネージャー）のようなポジションであることが一般的。

転職前／転職後の職種

転職前は何していた？		転職後は何している？
銀行・証券などの金融機関	ベンチャー企業で働く	財務部門（同規模の事業会社）
会計事務所・税理士法人		経営企画部門（同規模の事業会社）
経理（上場・非上場問わず）		CFO
財務（上場・非上場問わず）		ファンド、証券会社

POINT

多くの会社は利益を出すことを目的としていますが、利益を追求するだけではなく、手元にキャッシュを残しておくことも大変重要です。なぜなら、会社の倒産は、利益がない（赤字）からではなく、手元に現金がなくなって支払い等が不可能になった時に生じるためです。一定以上の業績が出ているにもかかわらず資金がショートして「黒字倒産」が起こってしまう理由もここにあります。

資金不足に伴う支払いの遅延などが生じると、企業の信用力が著しく低下し、経営にも大きな影響を及ぼします。その後の資金調達も困難になり、「調達した資金で企業価値を向上させる」どころか、最悪の場合、経営破綻となります。財務担当による資金管理は企業経営にとって大変重要な仕事といえます。

Chapter 3 「税務」の仕事がしたい！

Section 1 税務ってどんな仕事？

税務とは

企業はさまざまな税金（法人税、消費税、法人事業税、法人住民税など）を納める必要があります。そのため、適切な**税務**を行い、納税金額を正確に算出しなければなりません。

一般的な業務

税務では、企業が支払わなければならない各種税金の計算が主な業務です。企業は決算後、決算書と合わせて税務申告書を作成し、正しく納税します。

決算書の作成は一般的な財務会計のルールに則って行い、税金計算の算出する基礎となる課税所得を計算しますが、法人税法では財務会計のルールとは一部異なる取扱いが求められており、それに対応しなければなりません。そのため、経理で作成した決算書に、法人税法で定められている項目の調整を行い、最終的な課税所得を計算します。

もし例年にないほど大きな利益が出ると、納税額が急増し、資金繰りが困難になる可能性もあります。そうした場合に経営状況や財務内容を勘案し、違法にならないレベルで最大限の調整を行い、正しい納税と経営を両立させる提案をすることも企業における税務担当者の役割です。

税務申告の一連の流れ

❶ 決算書作成

決算整理後の試算表をもとに、貸借対照表、損益計算書、株主資本等変動計算書、キャッシュフロー計算書を作成します。

❷ 消費税の確定申告

決算確定後、課税区分別の消費税額計算表をもとに、消費税の確定申告書を作成し、所轄税務署に提出します。

❸ 法人税の確定申告

確定した決算をもとに、税務上の調整項目を加減して、法人税の確定申告書を作成し、上記と同じく、所轄税務署に提出します。

❹ 法人二税（住民税・事業税）の確定申告

上記法人税の確定申告書で計算した法人税額をもとに、法人都道府県税用と法人市民税用の２つの申告書をそれぞれ作成します。こちらは各都道府県税務署および各市区町村に提出します。

※法人税の確定申告は、原則として事業年度終了日の翌日から２ヵ月以内に申告する必要があり、期限内に申告をしない場合、無申告加算税や延滞税など、多くのペナルティが発生するので、注意が必要です。

一般的な年間業務スケジュール　※3月決算法人の場合

1月	源泉納付、給与支払報告、償却資産税申告
3月	決算
4月	財務書類の作成（法人税、法人事業税、消費税など）
6月	税務申告
11月	中間申告・納税
12月	年末調整

会社の種類による業務の違い

法人の税務業務は、各企業の会計基準や、グローバルに事業を展開しているかなどによって業務範囲や種類はさまざまです。大きくは、大手上場企業、中小企業、外資系企業の３つに分類することができますが、中小企業は顧問の会計事務所や税理士法人に税務をほぼすべて任せていることがほとんどです。

大手上場企業と外資系企業のそれぞれの特徴について、次のSection以降にてご紹介します。

Section 2

大手上場企業・税務のジョブノート

大手上場企業の特徴

数千人〜数万人の社員を抱える大手上場企業の場合、担当業務によってチームが細分化されていることは、今まで述べてきたとおりです。

大手上場企業のすべてに税務担当の部署があるわけではありませんが、経理部門のなかの一部として位置づけられている会社が多いです。しかし、海外に子会社や支社を多数持っているグローバル企業においては、税務業務が多国間に関係する複雑なものになるので、独立した税務部門を構えている会社もあります。

大手上場企業には売上規模が数千億円から数兆円に及ぶ企業もあるので、納税金額も桁違いです。経営に与えるインパクトが非常に大きいため、税務は大変重要な仕事だといえます。

評価される資格、スキル

- 公認会計士、公認会計士試験合格者
- 税理士、税理士科目合格者
- USCPA（米国公認会計士）
- PCスキル（Excelでの資料作成など）
- 英語力
- 国際税務の実務経験

働き方

基本的に、大手上場企業はワーク・ライフ・バランスが整っているということは前述のとおりですが、税務に関していえば、経理や財務と比較すると、少数精鋭の部署であることも多いです。そのため、１人当たりの業務の負担がやや多くなるケースもあるようです。

大手上場企業の税務の場合、国際税務が関与する場合がほとんどですので、時には時差のある国の支社や支店とオンラインミーティングを行うケースもあります。多少の忙しさは覚悟しておく必要はあるかもしれません。

年収一例（万円）

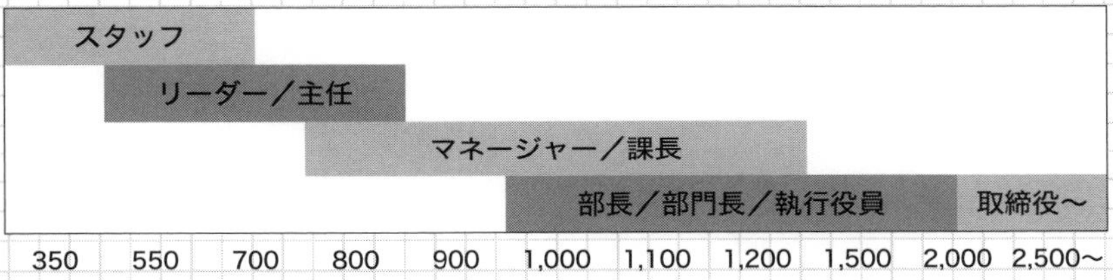

350	550	700	800	900	1,000	1,100	1,200	1,500	2,000	2,500～
スタッフ	スタッフ	スタッフ								
	リーダー／主任	リーダー／主任	リーダー／主任							
			マネージャー／課長	マネージャー／課長	マネージャー／課長	マネージャー／課長	マネージャー／課長			
					部長／部門長／執行役員	部長／部門長／執行役員	部長／部門長／執行役員	部長／部門長／執行役員	部長／部門長／執行役員	取締役～

転職前／転職後の職種

転職前は何していた？		転職後は何している？
新卒学生（大学、大学院、専門学校）	大手上場企業で働く	経理、税務（上場企業）
既卒（資格勉強専念）		経理、税務（外資系企業）
経理（上場・非上場問わず）		国際税務に強い税理士法人
会計事務所・税理士法人		独立開業（会計事務所・税理士法人）
銀行・証券などの金融機関		CFO、役員

POINT

上場企業の税務はなかなか経験ができない貴重なポジションです。新卒で大手上場企業に入社し、ジョブローテーションで税務部門にたどりつくケースもありますが、それよりも、ほかの上場企業での税務経験者、大手国際会計事務所（Big 4）などでの国際税務の実務経験者などを中途採用で増員するケースがほとんどです。

それだけ高い専門性や豊富な知識が求められる部門になるので、ゼネラリストではなくスペシャリスト志向の方に向いているといえるでしょう。求人数も多くはないので、このポジションを狙う場合は綿密なキャリアプランニングが必要です。

Section 3 外資系企業・税務のジョブノート

外資系企業の特徴

前述したとおり、外資系企業は一般的に本社が海外にあり、日本に現地法人として設立されている会社で、基本的な経営方針に関しては、本国がパワーを持っており、業績に関する報告等も本国に対して行われます。

一方で、外資系企業にも、大手上場企業から中小企業までさまざまあることにも着目しましょう。大手の外資系企業は大手の日系上場企業と同様に、税務を内製化していることも多いです。しかし、中小の外資系企業はその逆で、税務を含む管理部門のほぼすべてを、顧問の会計事務所や税理士法人に任せているケースが少なくありません。

そのため、外資系企業の日本法人に税務部門がある企業は、基本的に大手外資系企業だと考えて間違いありません。当然、多国間にまたがる国際税務とは切っても切り離せない業務になります。

評価される資格、スキル

- 公認会計士、公認会計士試験合格者
- 税理士、税理士科目合格者
- BATIC（国際会計検定）
- USCPA（米国公認会計士）
- 米国基準（USGAAP）やIFRS（国際会計基準）の知識や業務経験
- 外資系で必要な英語力：TOEIC830点以上

働き方

外資系企業はダラダラと残業をすることを好みません。限られた時間内に課せられたタスクを効率良くこなす人物が評価されやすいカルチャーだからです。しかしながら、外資系企業の税務ともなると話は異なります。

国と国をまたぐクロスボーダーといわれる取引が多発する外資系企業においては、各国の税務当局とやり取りが必要になるため、時差を考慮しながら業務を行うことも必要になります。

また、そもそも本国との時差も業務に大きな影響を及ぼします。そのため、残業を美徳としない外資系企業においても、税務部門に関してはハードワークを求められることが少なくないということを念頭に置いておきましょう。

年収一例（万円）

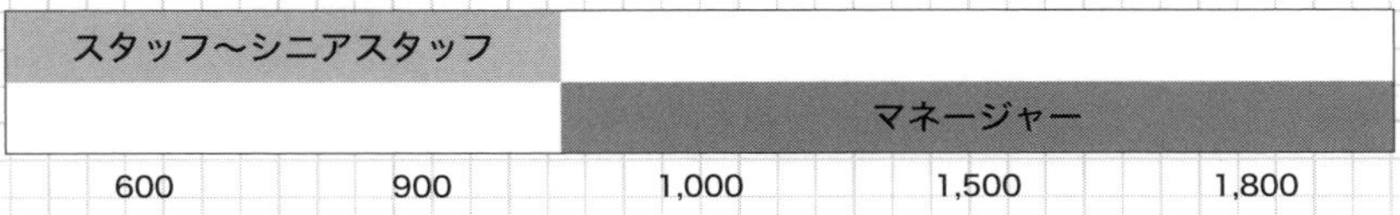

600	900	1,000	1,500	1,800
スタッフ〜シニアスタッフ	スタッフ〜シニアスタッフ			
		マネージャー	マネージャー	マネージャー

転職前／転職後の職種

転職前は何していた？	外資系企業で働く	転職後は何している？
経理（大手グローバル企業）		税務（外資系企業）
国際税務に強い税理士法人		コントローラー・CFO（外資系企業）
税務（外資系企業）		国際税務に強い税理士法人

POINT

上述したとおり、外資系企業は個々人の能力と責任のなかで高い専門性を発揮する「ジョブ型雇用」であることが一般的です。そのなかでも税務は、突出した専門性の高さを求められるポジションであり、少数精鋭の代名詞的なポジションです。

基本的には、何らかの税務経験がある人材が中途採用で入社することが多いことに加え、キャリアパスも比較的限られた「真のスペシャリストポジション」といえるでしょう。

Column　ケース３：会計事務所から一般企業に転職できる？

私たちCPAキャリアサポート株式会社は会計人材に特化した就職・転職のサポートを行っています。20年以上の支援実績があるベテランのキャリアアドバイザー（CA）も在籍し、ノウハウも豊富です。ここでは、求職者から私たちに多く寄せられる相談内容について、対話形式で回答していきます。ケース３は、会計事務所業界からの転職を希望するＣさんです。

求職者Ｃ

会計事務所業界からキャリアをスタートさせたのですが、一般企業で働きたいと考えるようになりました。転職活動をしたことがないので可能性について教えてください。

CA

結論から申し上げると十分に可能です。会計事務所の多くは税務が中心となりますが、税務申告書を作成する過程で、記帳代行、月次決算、年次決算といった業務を行います。つまり、一般企業の経理業務と同様の業務を行うので、その実務経験は一般企業でも評価されます。

求職者Ｃ

会計事務所業界と一般企業は、どのような点が異なっていますか？

CA

会計事務所はお客様に向けたサービス業ですが、一般企業の会計系職種はバックオフィス業務になります。また、会計事務所は製造業、小売業、不動産業などのさまざまな業種のお客様の対応をすることになりますが、一般企業の場合は子会社やグループ会社がある場合を除くと、自社１社のみの対応をすることになります。そして、営業部門や製造部門など、会計とは直接的に関係のないさまざまな部門とのやりとりも生じ、根回しなども必要になってきます。つまり、組織内でうまく立ち回る必要が出てくるわけです。そのため、高いコミュニケーション能力や組織適性が求められる場面も出てきます。

Part 2

「会計の知識が活きる職種」から適職を見つける

Part 2 でお話しすること

まだまだある！
会計の知識が活きる職種

一般企業の職種にはさまざまなものがある

Part 1 では一般企業の管理部門における主な会計系職種についてご紹介しましたが、ほかにもさまざまな職種が世の中にはあります。

なぜなら、企業の規模やレベル感によって、管理部門の業務が大きく異なり、そのうえで、大手企業であればあるほど、部門は細分化される傾向が強いことから、特に大手上場企業のなかには、中小企業には存在しないさまざまな職種が存在します。

そこで、**Part 2** では、会計系職種のど真ん中とはいえないものの、**会計的なエッセンスを含む職種**や**関連性の強い職種**をご紹介します。

経営数値を分析して経営戦略につなげていく上級職種

企業が成長して大きくなってくると、ビジネスが複雑化し、創業期には単一だったサービスが複数に派生して展開したり、まったく新しい製品が登場したり、新しい地域に拠点ができたりします。

このような企業活動の全貌を正しく把握していくことは、未来の経営戦略を練っていくうえでも大変重要です。その役割を担うのが**経営企画**です。

さまざまな業務がルール設計どおりに回っているかをチェック

非上場企業が株式上場企業になるためには、さまざまなルールを設定したり、業務フローを作り込んだりして、会社の業務がシステマチックに行われるようにし、間違いや不正が起こらないような組織にしていくことが求められます。

そのように作られた会社の業務がルールどおりに運営されているかを隅々まで確認する仕事が監査という仕事です。

ここでは会社の外部からではなく、内部から監査を行う**内部監査**の仕事について触れていきます。

さまざまな部門や商品やサービスごとに数値管理をする仕事

大手企業は同じ会社のなかに、まったく異なる製品やサービスを提供している会社があります。また、さまざまなプロジェクトが複数同時並行で走っている場合などは、その収支の管理が必要だったりします。そのような数値管理を行うのが**管理会計**の仕事です。

まとめ

本Partでは、主に上場企業や大手企業にしかない職種のなかでも、会計的な要素を含む職種をご紹介します。

会計の知識が活きる職種イメージ

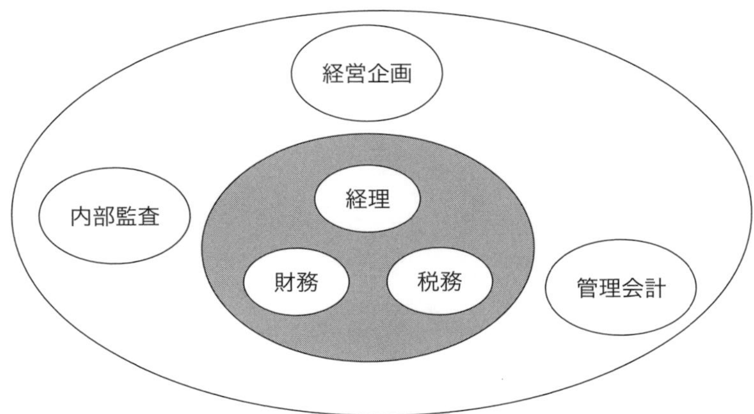

Chapter

4 「経営企画」の仕事がしたい！

Section 1 経営企画ってどんな仕事？

経営企画とは

経営企画は経営者の**参謀**であり、経営方針を実現するためのマイルストーンを示す**リーダー役**といえます。

会社規模によっては、社長みずからが担当したり、取締役が担当したり、「社長室」という部署名であったりさまざまですが、重要な役割を担う職種で優秀かつ人望もあるような人材が着任するポジションです。

主な仕事は、経営判断と経営実行のサポートをすることです。

主な業務内容

経営企画の主な業務内容は、以下のとおりです。

1 リサーチ（業界／競合動向調査）

2 中期経営計画策定

3 インキュベーション（新規事業立ち上げおよび実行）

4 企画／特命業務

会社によっては、予算策定、財務、IR、株主総会運営なども経営企画が行っている場合があります。

❶ リサーチ（業界／競合動向調査）

経営判断の裏付けになるデータやファクトを示すため、市場や競合他社の動向、社会動向、経済動向、業界動向、顧客動向など、さまざまな情報を「収集」、「選択」、「分析」し事業環境の予測を行います。

予測の結果と、企業の経営方針に基づき、将来、会社をどうしていくのかを検討し、ビジョンや分析結果などに基づいて経営戦略の構想を行い、実現のための資源配分計画や経営戦略を立案します。

❷ 中期経営計画策定

「中期経営計画」とは、おおよそ3～5年かけて組織が取り組むべき内容を示すものです。リサーチの結果と企業理念や経営方針をもとに、具体的な予算や目標値の設定、実現のための方策やプロセス、マイルストーンの明示をし、他社との競争に打ち勝ち、自社の目標を達成するために、ヒト・モノ・カネ・情報といった経営資源を把握し有効活用するプランを立てます。

❸ インキュベーション（新規事業立ち上げおよび実行）

業界や顧客ニーズなどの情報に精通している経営企画が、新規事業や新規商品の立案・実行、また、既存のサービスの再構築などに関わることがあります。

❹ 企画／特命業務

特命プロジェクトとは、一般的にインサイダー情報に該当するような経営上トップシークレットなプロジェクトを指します。M&A、組織再編、業務提携、IPOなどが代表例です。これらは会社の将来を左右する重要な任務でありながら、会社としてはじめて経験する事項が多いため、その醍醐味を感じつつも、前例がない事案をやり切る力が重要です。

また、公表されるまで情報をコントロールしながら、一部の経営陣と経営企画を中心として限られたメンバーでプロジェクトを立ち上げ、プロジェクト推進をしていくのが経営企画の業務になります。

代表的な特命業務のプロセス

経営トップが重要事項を意思決定

担当役員、経営企画、関連部門でプロジェクト発足

経営企画が事務局となり、プロジェクト達成に向けた課題・タスクの洗い出し

経営企画がプロジェクトの推進（定期的な会議の招集・経営トップへの報告）

■ 年間スケジュール（3月決算の場合）

		商事	予算策定
1Q	4月	取締役会	年度予算発表
	5月	**四半期決算説明会**／取締役会	
	6月	**株主総会**／取締役会	
2Q	7月	取締役会	
	8月	**四半期決算説明会**／取締役会	下半期修正期間
	9月	取締役会	
3Q	10月	取締役会	下半期予算発表
	11月	**四半期決算説明会**／取締役会	
	12月	取締役会	
4Q	1月	取締役会	年度予算策定
	2月	**四半期決算説明会**／取締役会	
	3月	取締役会	

キャリアパスについて

経営企画は、社長直轄の特命プロジェクトを請け負ったり、社内外の関係者を巻き込んだ大規模プロジェクトのリーダーを務めたりと、社運を左右する案件で重要な役割を任されます。

経営企画の業務の特性上、会社内で最も能力の高い人が任命されることが多く、「花形」、「出世コース」といっても過言ではありません。そのため、経営企画には社内異動か、転職・中途採用のパターンが一般的で、未経験の方や新卒が採用されるケースは希少です。

会社の事業や社内ルール、業界キーマンに精通していることがおおいに役立つ経営企画には、5～10年程度社内で経験を積んだ中堅社員のなかで、経営陣や社員からの信頼が厚く、能力が高い人材が抜擢されます。そのような人材の出身部署は、営業、マーケティング、技術部門、人事、経理、法務など実にさまざまで、その会社のビジネスのキーになる事業部から選出されることもあります。

また、経営戦略系のコンサル出身者や、MBAホルダー、経営企画の経験者を即戦力として採用するパターンも王道です。すでに述べてきた業務の特性上、新卒や未経験で経営企画になるのが難しいことは容易に想像できると思います。チャンスは多くはありませんが、優秀なポテンシャル人材を経営企画のアシスタントとして採用し育てる会社も出てきています。

会社の種類による業務の違い

中小規模の企業では社長や経営陣が担うことが多いのですが、企業の規模が大きくなると専門の事業部が設けられます。

また、ベンチャー企業の経営企画は、予算実績分析や中期経営計画の策定などが中心ですが、IPO準備が始まると、上場準備のプロセス管理、IRや株主総会の企画・準備なども行います。

上場を実現したり、会社規模が大きくなったりすると「経営企画室」などチームが編成され、リサーチやインキュベーションなど、さらなる成長と存続に向けた業務を期待されるようになります。

業務の違い

注力度（◎＞○＞△＞×）

		ベンチャー	大手上場企業	外資系企業
①リサーチ（業界／競合動向調査）	・外部環境分析（業界・競合の動向トレンド） ・社内環境分析（予算実績分析、経営数値）	◎	◎	△ →FP&A
②中期経営計画策定	・リサーチ結果と経営方針を企業理念等に照らし合わせて中期的な目標達成までプロセスを明示	◎	◎	△ →FP&A
③インキュベーション（新規事業立ち上げおよび実行）	・新規事業、新規商品サービス開発 ・既存事業の再構築	△	○	×
④企画／特命業務	・M&A、組織再編、業務提携、IPO、事業撤退など	○	◎	×

Section 2

大手上場企業・経営企画のジョブノート

大手上場企業経営企画の特徴

大手上場企業となると、すでにビジネスが成熟しているため、新規ビジネスを創出する、周辺領域に事業を拡張する、成長戦略としてM&Aを検討する、会社の持つリソースをより有効的に活用できるよう再構築するといった、より高度な課題に経営企画の方々は取り組むことになります。また、積極的なAI／IoT／FinTech等の先端技術の活用や、ESG活動など、目下の課題だけでなく、中長期的に企業価値を向上させ続けるための課題にも取り組んでいくことになります。

評価される資格、スキル

- MBA、公認会計士、USCPA（米国公認会計士）
- 論理的思考力、コミュニケーション能力
- 精通した業界知識、戦略コンサル、経営コンサル、ITコンサル等での実務経験

働き方

大手企業の場合は、経営企画に十分な人員数を確保のうえ、適切な人員配置をされており、プロジェクトによって繁閑の波はあるものの、全体的に働き方はおちついているケースが多くなっています。また、大手上場企業ならではの十分な休日数に加えて、リモートワークやフレックスタイム制度などの勤務制度や福利厚生が整っているため、安定的に長期就業しやすい環境といえます。

年収一例（万円）

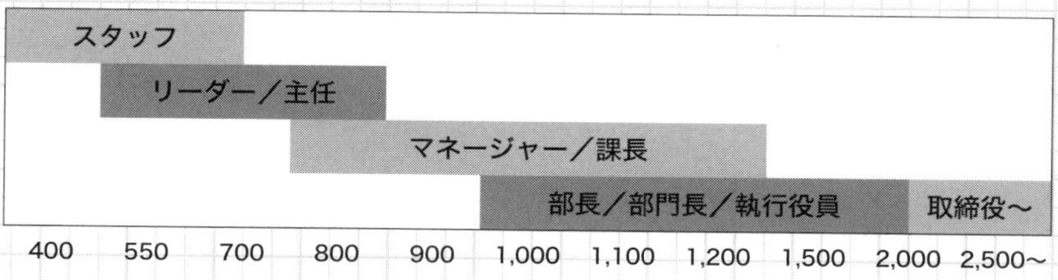

スタッフ
リーダー／主任
マネージャー／課長
部長／部門長／執行役員
取締役〜

400　550　700　800　900　1,000　1,100　1,200　1,500　2,000　2,500〜

転職前／転職後の職種

転職前は何していた？		転職後は何している？
経営企画	大手上場企業で働く	役員
同業界での執行役員・営業部長・管理部門長		経営企画
社長室		管理部門長
コンサルタント（戦略コンサル、経営支援、ITなど）		コンサルタント（経営支援、上場準備支援）
公認会計士（監査だけでなく、アドバイザリーやコンサルの経験がある方）		顧問や相談役として独立開業 社外取締役（ベンチャー企業）

POINT

大手上場企業の経営企画では、資格ではなく実務経験が評価されることに加え、同等レベルの企業や同業界での経営企画経験者を求める傾向にあります。大企業、上場企業の経営企画となると、１つの判断が会社に及ぼすインパクトが大きいため、一般的な採用手法だけでなくヘッドハンターを利用するなどして優秀な人材を獲得することもあります。

また、経営企画部の相談相手である、経営コンサルタントなども会社が求める業務の類似領域を経験しているため、即戦力として評価されます。新たな成長に向けた組織風土改革が課題であれば組織人事コンサル出身者、M&Aによる事業拡大を重要戦略に置いているような企業であればFAS（Chapter 8 参照）で働く公認会計士などが即戦力として重宝されます。また、人員や業務に余裕がある企業では、ポテンシャル人材として、地頭の良さ、論理的思考力などに優れた若手人材を積極的に採用しています。

Section 3

ベンチャー企業・経営企画のジョブノート

ベンチャー企業経営企画の特徴

ここではベンチャー創業から上場直前〜グロース市場に上場した程度の新興上場企業までを想定します。ベンチャー企業における経営企画の主な役割は、上場準備とその旗ふり役です。上場達成までのスケジュール策定、課題の洗い出し、情報整理、IPOコンサルティング会社や監査法人、主幹事証券会社の選定と担当窓口、CFO・管理部長等と連携して上場に耐えうる管理組織づくりの計画・実行、経営層や各部門長クラスへの報告・連絡・相談などに奮闘します。

上場達成した後は、スタンダード市場やプライム市場への指定替え準備や、既存サービスのブラッシュアップや新規事業企画等に移行していきます。

評価される資格、スキル

- 公認会計士、公認会計士試験合格者、MBA
- 論理的思考力、コミュニケーション能力
- IPO準備の経験、同業界に精通していること
- 戦略コンサル、経営コンサルでの実務経験

働き方

経営企画は経営層からの業務依頼に加え、上場準備等の難易度の高い業務に対応するため、前提として忙しい職種だといえます。上場直前期は、申請前に行うべき大量の業務を消化する必要があり、慢性的に繁忙期が続くこともあります。

年収一例（万円）

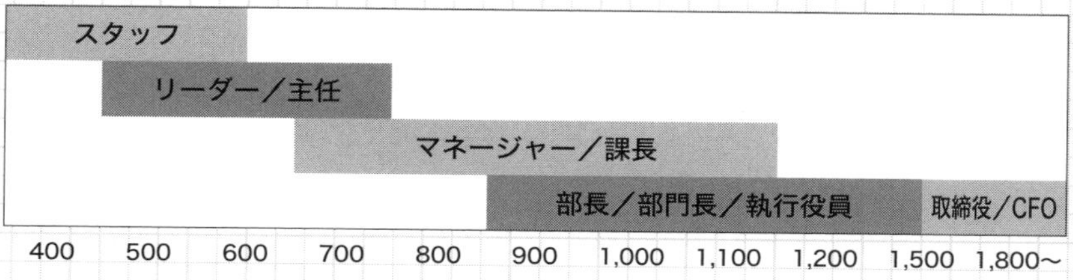

スタッフ
リーダー／主任
マネージャー／課長
部長／部門長／執行役員
取締役／CFO

400　500　600　700　800　900　1,000　1,100　1,200　1,500　1,800〜

転職前／転職後の職種

転職前は何していた？		転職後は何している？
経営企画（上場企業、上場準備企業）	ベンチャー企業で働く	役員
管理部門長（上場企業、上場準備企業）		経営企画
同業界での執行役員・営業部長・管理部門長（上場達成経験）		管理部門長
社長室		コンサルタント（経営支援、上場準備支援）
コンサルタント（経営支援、上場準備支援）		社外取締役（ベンチャー企業）
公認会計士（監査法人、アドバイザリー）		

POINT

経営企画の能力を測るための資格はなく、実務経験が評価されるため、経営企画の経験者やコンサルタントなど、会社が求める業務をすでに経験している人材が即戦力となります。一方、論理的思考力やコミュニケーション能力、目標達成能力、サービスや業界への高い関心と勉強意欲、情報収集・分析など、総合的に高い能力があれば、実務経験がない方でも、ポテンシャルを評価されてチャンスをつかむことがあります。

ベンチャー企業の経営企画が担当する、IPO準備や達成後の成長戦略策定から実行といった業務は、会社にとっても未経験でありながら最重要事項です。

前例や１つの正解があるわけではないことを、経営層をはじめ会社全体に納得感をもたせながら遂行していく能力は、企業内外で評価されるため、自身の個性が発揮されるオリジナリティのあるキャリア形成につながるといえるでしょう。

Chapter 5 「内部監査」の仕事がしたい！

Section 1 内部監査ってどんな仕事？

内部監査とは

会社が法令遵守しているかどうか、内部統制が有効に機能しているか、業務の流れが定められたとおりに行われているかなど、「会社のあるべき姿」と現実とのギャップをあぶり出し、それを経営者に提示するのが内部監査の仕事です。企業活動を競技に例えるとすれば、**審判員**のような存在でしょう。

経営幹部が会社の隅々まで常に正確に把握することができれば理想的ですが、現実的には難しいので、「目が行き届かない部分を代わりに把握し、リスクの火種を見つけて解消するという役割」を任されているといえます。

審判員が厳しく笛ばかり吹いていても競技は進みません。隅々まで厳しい目を光らせながらも、企業活動をストップさせることなく、円満に事業を進ませるようなさじ加減も大切になってきます。

企業が抱えるリスクをスムーズかつ早期に発見し解決するためには、内部監査業務そのもののノウハウはもちろん、業界やビジネスモデルに詳しいこと、独立的な立場で第三者的視点が持てるバランス感覚、他部署や社員個々からも情報共有や相談を受けやすい関係性を築くことができる人間力など、ソフトスキルも重要になってくる職種だといえます。

主な業務内容

内部監査は、主に以下の６つのステップで実施されます。

❶ 予備調査

基本的には監査の対象となる部門に対して通知を行い、過去と現在の比較を行う。ただし、不正会計などが疑われる部門は抜き打ちで実施する場合もある。

❷ 監査計画の策定

会社の規定に沿って監査計画を立てる。計画を立てる際は、すべての業務活動を網羅し、リスクマネジメント・コントロール・ガバナンスプロセスの３点の監査業務か診断業務を包括する。

❸ 監査実施

監査の本番である本調査を実施する。事前に計画した監査要点をもとに監査を行い、業務マニュアルを正しく文書化し、さまざまな点を調査・分析する。問題が発見された場合は、部門責任者と対話も行い問題解決を目指す。

❹ 評価

調査・分析で得た情報や証拠書類をもとに評価する。評価内容、調査・分析結果は報告書にまとめ、次回以降の監査の精度向上につなげる。

❺ 報告

報告書を作成したら、代表取締役をはじめとした役員や経営幹部、監査対象部門に報告と説明を行う。監査部門としての課題や、会社経営に関する問題の提示も求められる。問題の提示は、監査段階で発覚した事実を含む根拠も提示する。

❻ 改善アクションの提案

改善すべき点が見つかった場合は、その理由と今後どのように改善していくとよいのか、いつまでに具体的な改善アクションを起こすのかなどを、対象部門に対して提案や指示を行う。改善アクションの提案後は再度調査を実施し、正しく提案や指示が実施され、問題点が改善されているかどうかを確認する。

会社の種類による業務の違い

2006年の会社法改正により内部統制の整備が義務化され、大企業では内部監査の設置が必須となりました。内部監査は企業の発展にとって重要な役割を担うため、義務化の対象外であっても実施する企業は増えてきています。

また、現在ではITが経営戦略上、重要なツールになったことから、IT監査の重要性も高まっています。内部監査担当者には、経理／会計や業務システムの仕組みはもちろんのこと、各部門の業務内容についての深い理解が求められます。

大手・新興上場・外資・ベンチャー企業それぞれで、どのような違いがあるのかについて、次のSection以降で見ていきましょう。

Section 2

大手上場企業・内部監査のジョブノート

大手上場企業内部監査の特徴

大手上場企業の場合、内部監査を行うために独立した部署を設置し、内部監査の専任者が業務を実施します。具体的には、営業部門や管理部門等から独立し、社長直轄の部署として、内部監査部門や内部監査室などが設置されるイメージです。

業務内容としては、財務報告に係る内部統制（J-SOX）業務、贈収賄・腐敗行為防止、ISOやISMSなどの認証取得・維持、ERM体制の構築、コンプライアンス統括等に関する監査業務が一般的なものです。

企業規模や業種の特性によって、より多くの人員を内部監査に配置し、ガバナンスの高度化、プライバシーガバナンス（個人情報管理、サイバーセキュリティ対策等）、データガバナンス（各種データ資産の管理等）、海外のグループ会社の法令対応・リテラシー向上といった、より専門性の高い内部統制体制を構築しようとする会社もあります。

評価される資格、スキル

- 日商簿記1級、公認会計士、USCPA（米国公認会計士）、CIA（公認内部監査人）、CISA（公認情報システム監査人）
- 監査法人やコンサルファームでの内部統制アドバイザリー経験
- 法律知識やIT知識
- 特定の業界に関するビジネス構造や他社事例の豊富な知識
- 高いコミュニケーション能力とバランス感覚

働き方

余裕のある人員数の確保と適切な人員配置が施されていれば、残業がほとんどない会社もあります。また、十分な休日数、リモートワークやフレックスタイム制度などが導入されているケースもあり、ワーク・ライフ・バランスや福利厚生が整っている場合も多いので、長期就業がしやすい環境といえるでしょう。

年収一例（万円）

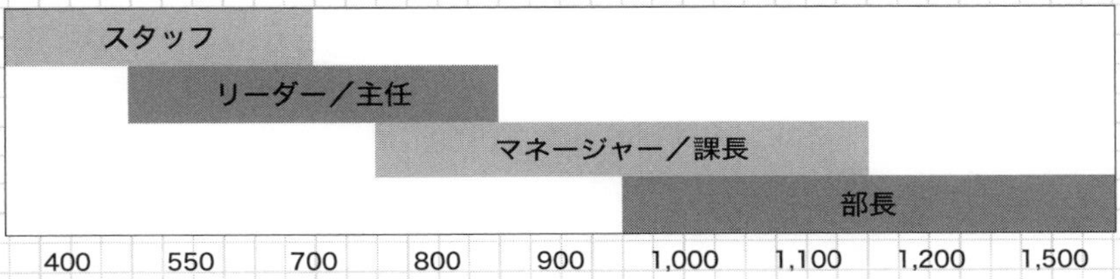

役職	年収
スタッフ	400〜700
リーダー／主任	550〜800
マネージャー／課長	800〜1,100
部長	1,000〜1,500

400　550　700　800　900　1,000　1,100　1,200　1,500

転職前／転職後の職種

転職前は何していた？		転職後は何している？
経理職（上場企業）	大手上場企業で働く	内部監査
法務（上場企業のコンプライアンス）		コンサルタント
内部監査（上場企業）		監査役（非常勤・常勤）
監査法人		社外取締役
コンサルタント（J-SOX支援経験等）		顧問・相談役

POINT

内部監査職は他の職種に比べキャリア設計時に目指す方が少ない職種ですが、その分、希少価値が高く、オリジナリティのあるキャリアを形成できます。内部監査は法律・会計・システムとの親和性が高く、変化の速い現在のビジネス環境下では、継続的なアップデートが必要とされており、関連法令やビジネスのトレンドに対するアンテナの強度が求められます。

Section 3
ベンチャー企業・内部監査のジョブノート

ベンチャー企業の内部監査の特徴

IPOを目指す企業は、上場審査の関係で一定の時期までに内部監査部門の設置が求められます。上場企業になると機関投資家をはじめ個人株主まで関係者が一気に増えるため、適切な管理体制が求められるようになります。

ベンチャー企業では、内部監査経験者や、法律・会計に明るい人材が豊富とはいえないので、社長からの信頼が厚い共同創業者や社歴の長い社員などが、内部監査担当者に選任されることが多いです。このようなケースでは、外部のコンサルやアドバイザリーの助けを借りながら内部監査を行うケースもあります。

また、適切な強度でコンプライアンス体制を構築することができるバランス感覚も重要です。厳格すぎるルールを設定すると、みずからの首を絞める結果となりますし、その反対の場合は意図せず法律違反を犯して企業活動をストップさせてしまうような状況に陥りかねません。

評価される資格、スキル

- 日商簿記２級・１級
- 法律知識（法科大学院修了、ビジネス実務法務検定１級程度）
- システムやITの知識
- 監査する企業のビジネス構造や他社事例の豊富な知識
- 高いコミュニケーション能力とバランス感覚

働き方

まずは「内部監査規程」の整備から行うことになります。このステージの企業は内部監査の専任者の設置までは求められないので、多くの場合が他業務との兼務になります。

今まで行ってきた業務に内部監査の仕事が加わるので、当然、その分忙しくなります。ベンチャー企業はまず、監査計画→監査実施→改善指示→フォローアップという一連の流れをしっかりと回していくことが重要になるので、内部監査部門の立ち上げ当初は何かと大変で忙しくなることが予想されます。しかし、１年間の業務スケジュールのなかに適切な内部監査のサイクルを組み込んでいくことで、効率良く監査業務を遂行できるようになると、コントロールできる時間も徐々に増えていきます。

年収一例（万円）

※専任者を設置した場合

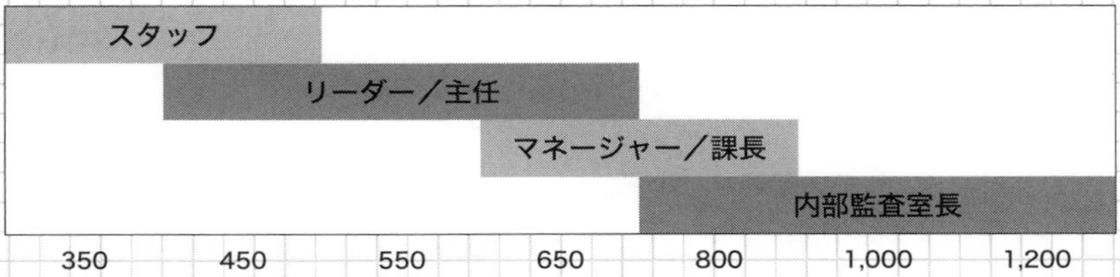

職位	年収（万円）
スタッフ	350〜500
リーダー／主任	450〜650
マネージャー／課長	650〜1,000
内部監査室長	800〜1,200

350　450　550　650　800　1,000　1,200

転職前／転職後の職種

転職前は何していた？		転職後は何している？
未経験（日商簿記２級）	ベンチャー企業で働く	内部監査（上場企業）
未経験（法科大学院修了）		監査法人（アドバイザリー部門）
経理職（非上場・ベンチャー）		コンサルタント（内部統制など）
監査法人		監査役（非常勤・常勤）

POINT

内部監査は、本質的には専任者を設けることが望ましいですが、小規模な会社の場合、年間を通じて行うほどの業務量がない場合もあるので、前述のとおり、社員が本来の業務に加え、内部監査を兼務するケースが多く生じます。

ただし、内部監査を担当する社員が自分の所属している部門の監査を行ってしまうと、監査の有効性が薄まってしまうため、その場合は他部署の社員を内部監査担当として、部門をクロスする形で監査をし合えるよう２名以上の体制を構築する必要があります。

Chapter

6 「管理会計」の仕事がしたい！

Section 1

管理会計ってどんな仕事？

管理会計とは

管理会計とは、**経営判断に活用するための社内向け会計**のことをいいます。株主や取引金融機関など社外の利害関係者に提出する「財務会計」とは異なり、経営判断に活用するために役立てられます。

主な業務内容

❶ 差異分析

経理が作った決算データをもとに、Actual（アクチュアル／現実）とBudget（バジェット／予算）の数字がどれだけ乖離しているのかを分析します。

❷ 各種数値データのレポーティング

会社独自のフォーマットに、必要事項（主に数値）を記入して、経営層（外資系企業であれば本国＝親会社）へ報告（レポーティング）をします。

❸ 経営層への投資判断データの作成

投資判断データの作成は、業界によってやるべき内容は大きく変わることもありますが、数値情報を中心に情報提供されることには変わりがありません。たとえば、製造業の場合では新たな工場の建設、小売業では新店舗の出店計画やECの出店計画などに役立つ根拠となる数値情報が提供されます。

❹ 予算作成

来期の売上がいくらで、費用がどの程度かかって、利益がどれくらい見込まれるのかについての予測数値を作る作業です。具体的には、全部門から必要な数字を集め、集めた数字を積み上げた結果が、合理的なものか否かを確認し、必要であれば各部門にコストカットの依頼なども行います。

経営層から修正を要求されることもたびたびあるので、何度も作り直しをすることでようやく予算が策定されます。

会計の概念をわかっていないと作れない数字も多いので、会計的なバックグラウンドが必要です。しかし、管理会計は経理と異なり1円単位をきっちり合わせていくことではなく、各部署や本国などとの間に立って、全体に対してある程度の精度で現実的な数字を作り上げていくという面において、同じ数字を扱う部門でも業務の性質は大きく異なります。

会社の種類による業務の違い

多くは、経理（主計部、財務会計部など）や経営企画が管理会計を担当していますが、組織が大きく分業を推進する方針の会社では専任のチームが作られます。一方、外資系企業（主に欧米系）はもともと分業がされており、「FP&A」という管理会計専門の担当者がいるケースが多いです。

なお、FP&Aとは、Financial Planning & Analysis（ファイナンシャルプランニング＆アナリシス）の略で、Financial Planningは「財務計画」、Analysisは「分析」を意味します。

外資系企業の経理の組織図例

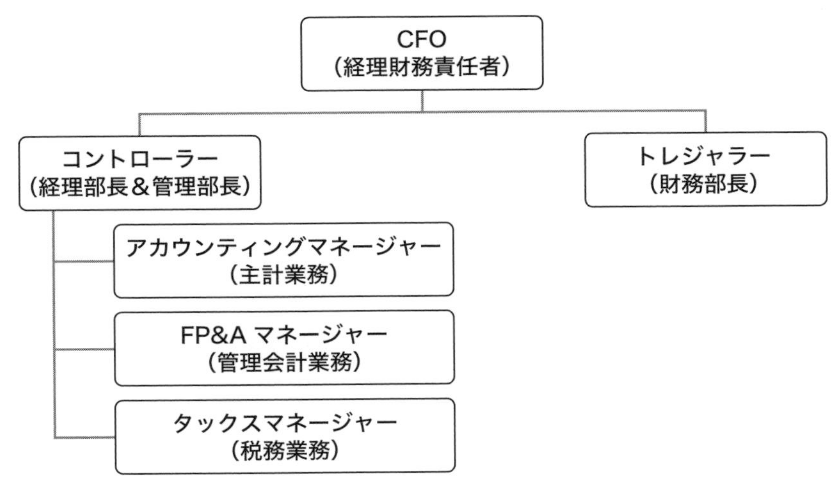

Section 2

外資系企業のFP&Aのジョブノート

外資系企業FP&Aの特徴

前述のとおり、FP&Aは「Financial Planning & Analysis（ファイナンシャルプランニング＆アナリシス）」の略で、Financial Planningは「財務計画」、Analysisは「分析」を意味します。外資系企業のなかではメジャーなポジションで、日系企業だと管理会計担当者や経営企画がその業務を担っています。

対比されるのは「財務会計」のポジションです。財務会計は組織外部の利害関係者に対して、財務状況や会社の業績を正確に報告することに重点が置かれますが、「管理会計」は、商品やプロジェクトの予算管理や原価管理など社内の数字管理に重点が置かれます。

とくに、予算管理では予算計画を立て、実際の事業ではどうだったかを分析し、必要に応じて改善をします。たとえば、当初の予算をオーバーしていた場合は、なぜそうなったかを分析して改善するという具合です。外資系のFP&Aは経営に必要なさまざまな情報を分析して、本国の経営陣に正しくレポーティングすることも大きな役割となります。

評価される資格、スキル

- 公認会計士、USCPA（米国公認会計士）、海外MBA
- 管理会計・経営企画・経営コンサルの経験
- PCスキル（Excelでの資料作成など）
- 外資系で必要な英語力

働き方

FP&Aのポジションは決算後に繁忙期が来ます。月次決算が締まると、その月の予算と実績がわかるので、それについての分析を行います。

また、年次決算の後には、その事業年度の予算と実績が見えてくるので、なぜ、そのような結果になったのかの予算実績差異分析を行います。

新しい事業年度が始まるタイミングでは、年間の予算策定などの業務も行われるので、年度末と年度始めは最繁忙期になります。しかし、外資系企業は効率主義でワーク・ライフ・バランスを重要視する文化であるため、そこまで繁閑の波が激しい企業は多くないようです。

年収一例（万円）

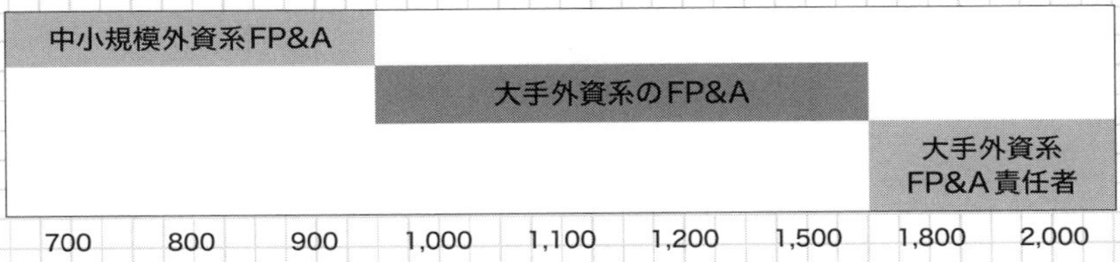

700	800	900	1,000	1,100	1,200	1,500	1,800	2,000
中小規模外資系FP&A								
			大手外資系のFP&A					
							大手外資系FP&A責任者	

転職前／転職後の職種

転職前は何していた？	外資系企業で働く	転職後は何している？
外資系企業のFP&A		外資系企業のFP&A
経理、財務、経営企画＋英語力		外資系企業のCFO
監査法人＋英語力		日系大手企業の経営企画

POINT

FP&Aは、欧米系の外資系企業に特有のポジションといえます。分業意識が強く、担当の職務範囲を明確にする傾向が強い外資系特有の構造のなかで、FP&Aは独自の発展をしてきました。

日本でもほぼ同様の業務が、管理会計、経営分析といった名称で行われ、経営者が経営判断をしやすいように支援をする仕事として位置づけられています。

ただし、FP&Aは単純に管理会計や経営分析という側面のみではなく、経営企画や新規事業企画の予算管理の側面であったり、M&Aを検討したりする業務を伴うこともあり、企業戦略を数字面から大きく支えていくような重要なポジションであるともいえます。

Part 3

「働きたい組織」から適職を見つける

Part 3 でお話しすること

会計人の働くフィールドは広がっている！

管理部門とは異なる多様な働き方がある

このPartに至るまでは、一般企業のなかにある職種について述べてきましたが、ここでは一般企業の管理部門とは異なる職種についてご紹介していきます。

実際のところ、会計人材の働く場所は多岐にわたります。具体的な例をあげると、何かしらのコンサルティングを行なっている会社、専門サービスを提供している会社、金融系の会社、官公庁や教育の場など実にさまざまです。

コンサルティング会社について

特定の商品を販売したりサービスを提供したりしている一般事業会社とは異なり、クライアント（お客）が抱えている問題や課題を解決することを主たる目的とする会社のことを**コンサルティング会社**といいます。

一言でコンサルティング会社といっても、総合系コンサル、会計系コンサル、システム系コンサル、戦略系コンサルなどさまざまです。

会計とは異なる分野のコンサルティング領域も多数ありますが、ここでは会計系要素を含むコンサルティング職種についてご紹介します。

FAS（フィナンシャル・アドバイザリー・サービス）について

アドバイザリーといわれる業務領域は、上述したコンサルティングに類似する領域となります。明確な違いについては公式な定義はなく、ほぼ同義に扱われることも多いため、本書でもその違いにはフォーカスを当てません。

ここでは、**FAS**と呼ばれる領域について触れていきます。主に、M&Aや企業再生等の領域についてのサービスを提供するジャンルになります。

金融系領域で働く会計人材

金融系は非常に広い領域となりますが、銀行、証券、保険、資産運用といったものが主要なジャンルになります。

その他、リース、信販、フィンテック等まで広げるとキリがないほどに広がってきます。ここでは公認会計士などの高い専門性を持った会計人材が活躍している**ファンド**や**証券会社**といった領域についてご紹介します。

意外なところで働いている会計人材もいる

金融庁をはじめとした官公庁、その他公的機関で働いている会計人材もいます。このような領域を総称して**パブリックセクター**とよびます。

また、日商簿記、税理士、公認会計士、USCPA（米国公認会計士）といった主要な会計資格を取得する方々を指導する**講師**として活躍する会計人材などもいます。

まとめ

本Partでは、一般企業以外のさまざまなフィールドに広がっている会計系職種についてご紹介していきます。

➡ 会計人の働くフィールドのイメージ

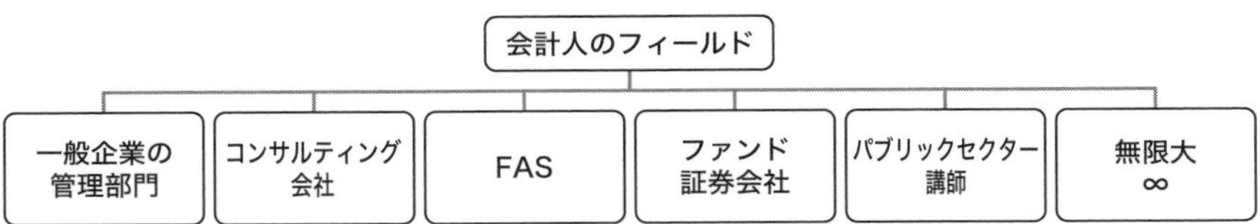

Chapter

7 「コンサルティング会社」で働きたい！

Section 1

コンサルティング会社で何ができる？

コンサルティング会社とは

たとえば、自動車や電化製品といった特定の商品を販売したり、インターネット関連のサービスやソフトウェアの提供をしたりするような会社とは異なり、**クライアント（お客）が抱えている問題や課題を解決すること**を主たる目的とする会社をコンサルティング会社といいます。

コンサルティング会社といっても多様なジャンルがあり、戦略系コンサルティング会社、総合系コンサルティング会社、会計系コンサルティング会社、人事系コンサルティング会社など、数に限りがありません。

コンサルティング会社のなかで、特に有名なのが外資の戦略系コンサルティング会社である、ボストン コンサルティング グループやマッキンゼー・アンド・カンパニーです。しかし、これらは会計系職種というよりは、本来の地頭の良さや卓越したビジネススキルなどが評価される業界といえるでしょう。

本書で取り上げるコンサルティング会社について

コンサルティング会社には実にさまざまなものがありますが、世界４大会計事務所の名を冠するような会社も含まれる総合系コンサルティング会社と、公認会計士や税理士が多く働いている会計系コンサルティング会社などについて、概要を説明していきます。

❶ 総合系コンサルティング会社

企業の戦略立案のようなコンサルティングのなかに、IT戦略の要素も含むイメージで、企業が抱えるあらゆる問題について包括的にアプローチすることから総合系コンサルティング会社といわれています。

たとえば、アクセンチュア、アビームコンサルティング、デロイト トーマツ コンサルティング、PwCコンサルティングなどが有名です。

❷ 会計系コンサルティング会社

会計事務所や税理士法人を母体にしているようなコンサルティング会社で、高度な会計・財務・税務の領域におけるコンサルティングを行っています。

たとえば、AGSコンサルティング、エスネットワークス、山田コンサルティンググループ、みらいコンサルティンググループなどが有名です。これらの規模感は数百名規模になりますが、数十名〜数名程度の小規模の会計系コンサルもたくさんあります。

❸ その他のコンサルティング会社

上記以外にも様々なコンサルティング会社がありますが、特に戦略系コンサルはいつの時代も人気があります。

たとえば、前述のボストン・コンサルティング・グループ、マッキンゼー・アンド・カンパニーや、ベイン・アンド・カンパニーなどが有名です。

会社の種類による業務の違い

コンサルティングの領域は、簡単には語り尽くせないほどに奥の深い業界です。そして、業務内容のセグメントやカテゴライズも非常に難しい業界であるといえます。

上述のとおり、会計事務所や税理士法人を母体にしている会社であれば、その母体で提供している会計・税務の仕事とのすみわけはどうなっているのか、という論点もありますし、Chapter 8で紹介するFASの領域と重複するものなどもあります。具体的には、次のSection以降でご紹介します。

Section 2

総合系コンサルのジョブノート

総合系コンサルの特徴

総合系コンサルとは、あらゆる業界や幅広い業務領域における会社全体の課題について、ワンストップでソリューションを提供しているコンサルティング会社です。戦略策定といった最上流から、日々の業務オペレーションまで落とし込んだシステム導入や運用までを一手に担います。

総合系コンサルのルーツは会計事務所業界がITシステムを導入するためのコンサルティングを行ったのが発端だといわれています。紙ベースで会計が行われていた時代に、会計システムが導入され、それが生産管理、販売管理、在庫管理といったシステムに広がり、人事管理などの分野にも派生していきました。

その流れで、ERP（統合基幹業務システム）の導入コンサルといった色合いも強くなっています。しかし、本質的には、企業のあらゆる課題を総合的に解決するために、戦略立案、業務プロセス改善などをベースとしながら、システムの力を利用しているという構図になります。

会計系資格保有者もいますが、必ずしも資格が必要ではなく、地頭の良さ、ビジネスセンス、コミュニケーション能力などの基礎的な素養が重視されます。

評価される資格、スキル

- 公認会計士、会計士試験合格者（短答式試験合格者含む）、USCPA（米国公認会計士）、海外MBA
- システム領域の知識や経験、PCスキル、タスク管理能力、英語力（あればなお可）

働き方

基本的には忙しい業界ですが、オーバーワークを改善するために、各ファームとも働き方改革には注力している印象です。

基本的には、プロジェクト単位で業務が行われ、6ヵ月程度の短いものから数年間に及ぶものまで期間はさまざまです。複数のプロジェクトにアサインされる場合やプロジェクトの完了期日が近づいてきたタイミングなどで、休日出勤や徹夜などを覚悟しなくてはならない場合もあります。一方で、プロジェクトが終わったタイミングでまとめて有給休暇を取得して数週間の長期休暇を取得できることもあるので、メリハリのある働き方をしたいタイプの方には向いているでしょう。

年収一例（万円）

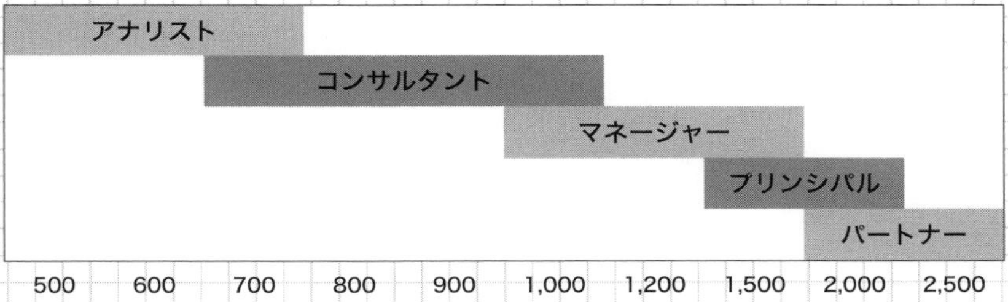

アナリスト
コンサルタント
マネージャー
プリンシパル
パートナー

500　600　700　800　900　1,000　1,200　1,500　2,000　2,500

転職前／転職後の職種

転職前は何していた？		転職後は何している？
新卒学生（難関大学・大学院）	総合系コンサルで働く	コンサルティングファーム
コンサルティングファーム		一般企業の経営企画
システムエンジニア		起業独立
一般企業の経理職		VC・PEファンド
税理士法人や監査法人		フリーランス

POINT

総合系コンサルが対象にしているのは、ビジネスが拡大して複雑化している中堅企業〜大手企業なので、知名度が高いブランド企業や、大手企業が抱える複雑な課題に対して、徹底的に考えて解決の糸口を見つけていくことが好きなタイプの方が向いています。

さらには、大きな企業の経営課題を解決していくためには、根幹となる戦略立案や業務改善といった要素はもちろん、切っても切り離せないのがシステム領域の知識や経験です。そのため、システム領域が苦手だという方には向かない業界といえるでしょう。

Section 3
会計系コンサルのジョブノート

会計系コンサルの特徴

ここでは、公認会計士や税理士などの有資格者が、株式会社などの形態で行うコンサルティング会社に注目します。会計系コンサルは会計事務所や税理士法人に併設される場合が多く、主に、税務を会計事務所や税理士法人で、それ以外のコンサルティング業務を会計系コンサルで行っています。

代表的な業務内容としては、株式公開支援、M&A支援、組織再編、企業再生、事業承継支援、内部統制構築支援などがあげられます。それ以外にも、連結会計支援、IFRS導入支援、海外子会社管理支援、経理業務フロー改善というようなメニューを揃えている会社もあります。これらの業務は会計のみならず税務の要素も非常に重要であるため、併設の会計事務所や税理士法人と一体となって動く場合がほとんどです。

公認会計士や税理士といった有資格者が最も活躍できる場ですが、必ずしも有資格者である必要はなく、その他のコンサルティング会社や銀行、証券会社といった金融機関、事業会社の経営企画出身者などさまざまなバックグラウンドをもつ方々で構成されています。

評価される資格、スキル

- 公認会計士、公認会計士試験合格者（短答式試験合格者含む）、税理士、税理士科目合格者、USCPA（米国公認会計士）、中小企業診断士、社会保険労務士など
- PCスキル（Excelでの資料作成など）、英語力（業務領域による）

働き方

株式公開支援をしている場合などは、上場直前には忙しくなる場合もありますし、企業再生といった会社の存続を左右するような緊迫度の高いコンサルティング業務の場合は繁忙状態になりやすいことは覚悟する必要があります。しかし、リモートワークやフレックスタイム制度などを上手に利用しながら、自分のペースで仕事をしている方々も増えてきている印象です。

また、地方出張などが多い会社もあることを念頭に置いておくとよいでしょう。

年収一例（万円）

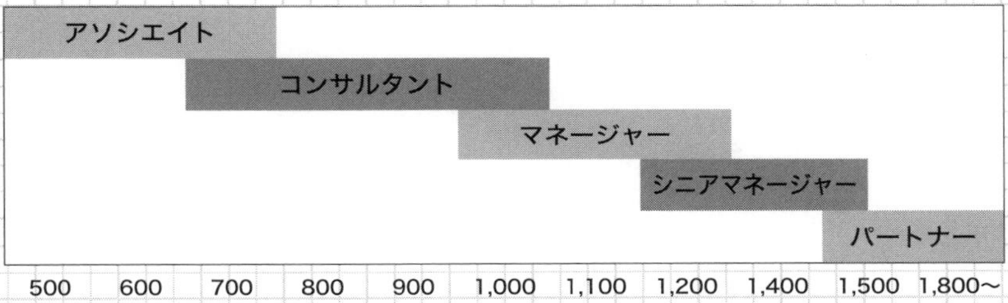

役職	年収
アソシエイト	500〜700
コンサルタント	700〜1,000
マネージャー	1,000〜1,200
シニアマネージャー	1,200〜1,500
パートナー	1,500〜1,800〜

500 600 700 800 900 1,000 1,100 1,200 1,400 1,500 1,800〜

転職前／転職後の職種

転職前は何していた？	会計系コンサルで働く	転職後は何している？
新卒学生（専門学校、大学、大学院）		上場準備会社のCFOやCAO
既卒（資格勉強専念）		独立開業
会計事務所・税理士法人・監査法人		大手上場企業の経理や経営企画
金融機関（メガバンク、地銀等）		投資銀行やPEファンド
その他のコンサルティングファーム		その他のコンサルティングファーム

POINT

会計系コンサルのクライアントは、株式公開を目指すベンチャー企業や中堅企業、上場企業などが中心で、成長することに対して前向きな企業が多いです。

クライアントの成長フェーズによって課題は大きく異なりますが、あらゆるステージの企業がクライアントになるので、自分自身にとっても大きな成長の場となるでしょう。公認会計士や税理士のなかには、会計系コンサルで修行を積んでから独立開業をする方も非常に多いです。

Section 4

その他のコンサルのジョブノート

その他のコンサルの特徴

世の中にはさまざまなコンサルティング会社がありますが、元々はいわゆる「経営コンサルティング」がコンサルティングの起源だといわれています。コンピュータの発達に伴う業務のIT化、グローバル化、それらによるさらなるビジネス環境の複雑化、ニューテクノロジーの台頭などにより、コンサルティングテーマは増え続けており、業務領域（ファンクション）、業界（インダストリー）ごとにさまざまなコンサルティングの形が誕生してきました。

とくに、戦略系コンサルは、主に大企業の経営者・CxOを相手に、経営戦略や成長戦略といった戦略立案、マーケティング手法の検討や新規事業立ち上げなど、企業の経営の中核に関わるコンサルティングサービスを提供していることが特徴で、多くのビジネスパーソンが憧れている仕事の１つとなっています。

このような仕事を行っていくうえでも、会計・財務といった要素は重要ですが、反対に会計・財務に詳しいからという理由だけではこの仕事に従事することはできません。突出した地頭の良さや、卓越したビジネスセンスが求められる領域だといえるでしょう。

評価される資格、スキル

- 一流大学MBA（特に海外MBA）
- 高い論理的思考能力、情報収集力、プレゼンテーション資料作成能力
- PCスキル（Excelでの資料作成など）、英語力（業務領域による）

働き方

これまでも述べてきたとおり、コンサルティング業界全般は忙しい業界です。ワーク・ライフ・バランスを重視するタイプには向かず、クライアントの成功のために、脳をフル回転させて、自身の持てる力をふりしぼって、難易度の高い課題にチャレンジすることに快感を覚えるようなタイプに向いている仕事です。

長時間労働が必要であるというよりも、時間を忘れて業務に没頭できるタイプにこそ、コンサルティングの仕事は向いているといえそうです。

年収一例（万円）

※外資系戦略コンサルのイメージです。

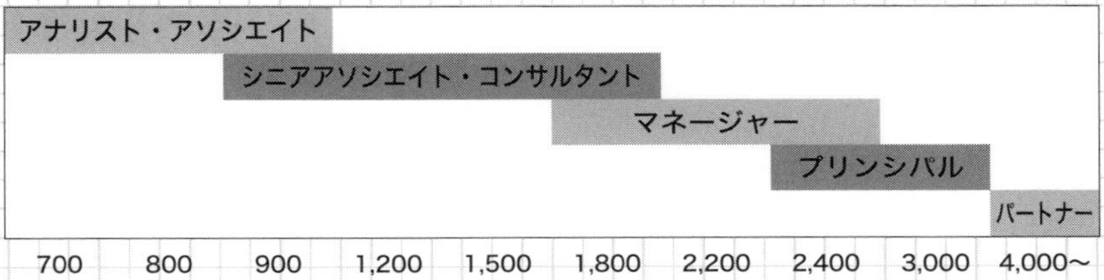

職位	年収
アナリスト・アソシエイト	700～900
シニアアソシエイト・コンサルタント	900～1,500
マネージャー	1,800～2,200
プリンシパル	2,400～3,000
パートナー	4,000～

700　800　900　1,200　1,500　1,800　2,200　2,400　3,000　4,000～

転職前／転職後の職種

転職前は何していた？		転職後は何している？
新卒学生（大学、大学院）	その他のコンサルで働く	上場準備会社のCEO、COO、CFO
その他のコンサルティングファーム		大手上場企業の経営企画
大手上場企業の経営企画職		大手総合商社
大手上場企業のマーケティング職		投資銀行やPEファンド
各種金融機関		その他のコンサルティングファーム

POINT

その他のコンサル領域のなかでも、人気のある外資系戦略コンサルに多少フォーカスを当てたような形でご紹介しましたが、世の中には本当にさまざまなコンサルティング領域があります。しかし、どのようなコンサルティング領域においても、「クライアントの経営課題を解決すること」を主たる目的としており、その手段が異なっているだけです。

経営課題を解決していくうえで、会計的な要素を理解しているか否かでは、大きく差がついてきますが、逆に会計がわかるからというだけではコンサルティング領域で活躍することはできません。

地頭の良さやコミュニケーション能力など、素地の部分が大きく問われる業界といえます。そして、外資系戦略コンサルの年収の高さは特筆すべきものがありますが、コンサルティング領域の年収は会社によって大きく異なります。

Chapter

8 「FAS」で働きたい！

Section 1

FAS（Financial Advisory Service）で何ができる？

FASとは

FASとはFinancial Advisory Serviceの略で、**財務に関するアドバイスを行う会社**のことを指します。

具体的には、企業の経営陣、法務・経営企画・財務・監査担当、金融機関などのクライアントに対して、財務の視点からアドバイザリーサービスを提供します。

FASはM&Aアドバイザリーを中心に財務面でのサポートを広く行うため、専門領域や業務範囲の広さが特徴となります。また、FASは本来、業務内容を指す言葉でしたが、FAS業務を提供する組織のこともFASとよばれるようになってきました。

主な業務内容

FASの主な業務内容は、以下のような分野に大きく分けられます。

・M&Aアドバイザリー

M&AアドバイザリーはFAとも呼ばれ、M&Aの際に買い手と売り手のいずれか側について案件全体のプロジェクトマネジメントを行う業務のこと。M&Aの戦略策定や取引準備からデューデリジェンス、実際のM&Aの取引実行、クロージングおよび統合までの一連の取引で助言業務を行う。

・デューデリジェンス（DD）

デューデリジェンスとは、直訳すると「当然払うべき努力」という意味で、M&A取引において、売り手の財務リスクや課題を検討する調査のことを指す。財務DDの目的は、売り手の財務分析を通じて、M&A取引案件の評価や投資意思決定に資する情報を買い手に提供する。

・バリュエーション（Valuation）

バリュエーションとは、「企業価値評価」のことで、M&Aアドバイザリー業務の一連の流れのなかで、財務DDで得た財務情報をもとにM&Aの対象となっている売り手側の企業価値を算定する業務のこと。

・PMI（Post Merger Integration）

PMIとは、「統合後業務」を意味する。M&A後は異なる企業文化やシステム、人材などが混ざり合い、会社全体が混乱しがちなため、経営理念や戦略、業務、インフラ、組織、企業風土、人事評価制度などの統合をサポートする。

・事業再生アドバイザリー

事業再生アドバイザリーは、業績不振企業や事業についての再生・立て直しに関するアドバイザリーサービス。まず財務DDを行いクライアント企業が直面するリスクや課題を分析した後、それぞれの課題に応じた再生戦略や再建計画を立てて実行する。

・フォレンジック

フォレンジックとは、法的証拠を見つけるための鑑識調査や情報解析に伴う技術や手順のことをいう。Big４系FASでは、監査業務に通ずるような、企業が直面した不正会計、粉飾決算、データ偽装、贈収賄、汚職、横領などの不正や不祥事に対して、危機対応支援や不正調査、内部統制再構築・導入・定着化といった業務も提供する。なお、本業務は他のサービスラインと比較すると異質なものとなっている。

FASでは、上記業務を各専門チームが担当しており、M&Aに関連する業務では各チームが連携しながらクライアント企業のサポートをしています。FASの業務は会計や財務に関する専門知識が必要なため、公認会計士資格保有者や金融機関・コンサルティングファーム出身者が多いですが、最近は新卒採用も行われるようになりました。

会社の種類による業務の違い

FASは、FAS自体の規模やクライアント規模・業種、専門領域によって、業務内容と範囲が異なってきます。大まかな分類としては、世界４大国際会計事務所であるKPMG、EY、Deloitte、PwC（順不同）の系列となる「Big４系FAS」と、それ以外の「その他のFAS」になります。それぞれの特徴について、次のSection以降でご紹介します。

Section 2
Big4系FASのジョブノート

Big4系FASの特徴

Big４系FASは、具体的に、KPMG FAS、EYストラテジー・アンド・コンサルティング、デロイト トーマツ ファイナンシャルアドバイザリー、PwCアドバイザリーの４つを指します（順不同）。

最大の特徴としては、クライアントが大手上場企業、大手外資系企業、大手金融系、PEファンドなどで、基本的に巨大な案件に特化していることが特徴です。また、国境をまたぐクロスボーダーのM&A案件なども多く取り扱っています。

１人の担当者が案件の全貌を理解して業務を行うことは到底不可能で、複数名で構成するチームがさまざまな切り口から関与することになります。新聞やテレビでニュースになるような大きな案件に携われるという魅力がある一方、関わることができるのは案件の一部だということは理解しておく必要があります。

また、ブランド感の高さやオフィスの素晴らしさは特筆すべきものがあります。

評価される資格、スキル

- 公認会計士、税理士、USCPA（米国公認会計士）、海外MBA
- PCスキル（Excelでの資料作成など）、タスク管理能力
- 国際感覚（海外在住経験のある方は好ましい）
- 英語力（TOEIC700点以上、高いほど好ましい）※ただし、業務領域による

働き方

基本的には激務といわれる業務領域になり、Big４系FASで取り扱う仕事はスポット案件も多く、発生する時期が読めません。そのため、落ち着いていると思っていたら急遽、大きな仕事が入ってきて残業が続くということもありえます。

一方で、リモートワークが浸透しているので、自宅で業務を行うことも多く、スケジュールコントロール能力を活かして、長く活躍している方も一定数います。

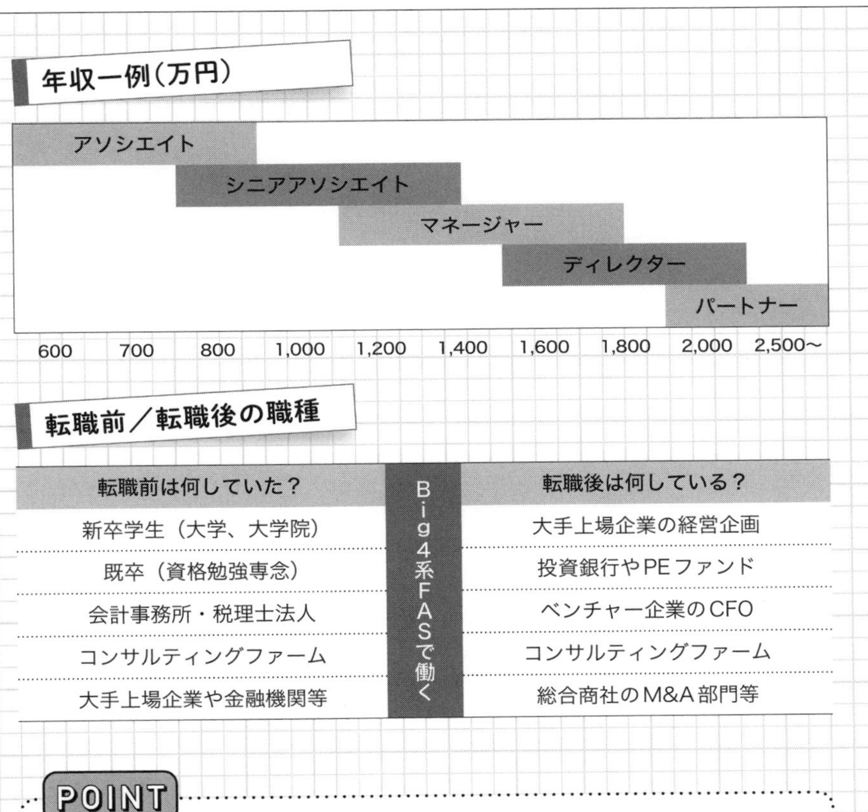

年収一例（万円）

転職前／転職後の職種

転職前は何していた？		転職後は何している？
新卒学生（大学、大学院）	Big4系FASで働く	大手上場企業の経営企画
既卒（資格勉強専念）		投資銀行やPEファンド
会計事務所・税理士法人		ベンチャー企業のCFO
コンサルティングファーム		コンサルティングファーム
大手上場企業や金融機関等		総合商社のM&A部門等

POINT

M&Aに関する業務経験が豊富に積めることから、その後のキャリアで、優良な転職先を狙える点が非常に魅力的です。次のステップに向けたキャリアパスとして捉えることで、在籍期間中も有意義な時間を過ごすことができるでしょう。

かつては、監査法人で一定期間の経験を積んだ公認会計士の中途採用、コンサルティングファーム出身者の中途採用がメインでしたが、ここ数年間で新卒採用や会計士試験論文式試験合格者の定期採用も定着してきました。そのため、職務経験のない方でもチャレンジできる領域となっています。

M&A以外の業務も幅広く手掛けているので、どこに配属されるかもキャリア形成にとって大変重要なポイントになります。

Section 3

その他のFASのジョブノート

その他のFASの特徴

FASは元々、Big４系から始まったので、「その他の独立系FAS」と大別できます。独立系のM&Aアドバイザリー会社、税理士法人系コンサルティング会社、独立した公認会計士が経営しているコンサル会社などでFAS業務を提供していることが多く見受けられ、Big４系FASの業務と比較すると案件がグッと小さくなる点が特徴です。

Big４系の場合は買収額が数千億円クラスの案件が取り扱われますが、独立系FASでは数百億円〜数億円と中規模〜小規模の案件が多くなり、１人の担当者でも案件の全貌を理解しやすいサイズと考えることもできます。M&Aのスキーム策定、財務デューデリジェンス、バリュエーション、場合によってはPMIに至るまでほぼすべてのプロセスに従事できることもめずらしくありません。

また、クライアントとの距離も近く、自身の活躍を肌で感じることができる環境も魅力の１つです。

評価される資格、スキル

- 公認会計士、税理士、USCPA（米国公認会計士）
- 高い対人スキルやコミュニケーション能力、事業オーナーに対する共感力
- タスク管理能力、PCスキル（Excelでの資料作成など）

働き方

スケジュールの読みにくい業務なので、基本的には忙しいと認識しておく必要があります。また、独立系FASでの業務は、首都圏や大都市の案件はもちろん、地方都市の事業承継系案件などもあるので、地方出張をする機会もそれなりに多くなります。

新幹線や飛行機で移動をしながら、ホテルをオフィス代わりに仕事をするようなイメージです。大変な面がある一方で、地域の方々との交流や地場の料理を楽しむ機会もあるようです。そのようなワークスタイルが嫌いではない方にはおもしろい就業環境になるでしょう。

年収一例（万円）

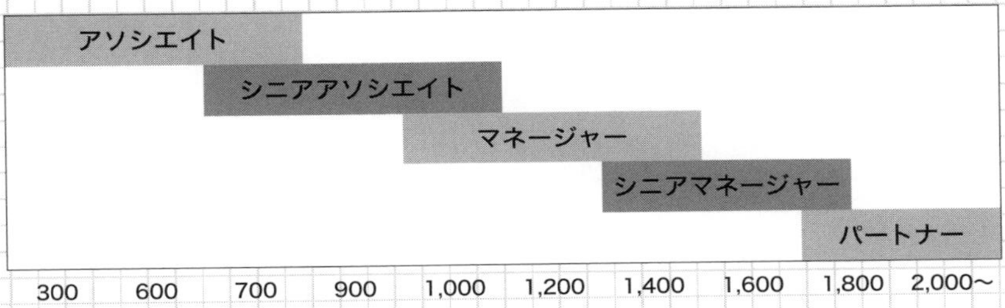

職位	年収
アソシエイト	300〜900
シニアアソシエイト	700〜1,200
マネージャー	1,000〜1,600
シニアマネージャー	1,400〜1,800
パートナー	1,800〜2,000〜

300　600　700　900　1,000　1,200　1,400　1,600　1,800　2,000〜

転職前／転職後の職種

転職前は何していた？		転職後は何している？
新卒学生（大学、大学院）	その他のFASで働く	上場企業の経営企画
既卒（資格勉強専念）		ベンチャー企業のCFO
会計事務所・税理士法人		コンサルティングファーム
コンサルティングファーム		Big 4 系 FAS
金融機関等		VC や PE ファンド等

POINT

M&Aに関する一連の業務をひととおり経験することができる場合が多いので、中小企業〜中堅企業のM&Aや、オーナー系企業の事業承継や事業再生などの業務に強くなることができます。

経営者と近い距離で仕事をするので、自分自身も経営力を高めるトレーニングが積める機会を得ているとも考えられます。Big 4 系 FAS と比較しても短期間で成長することができる環境といえるかもしれません。

Chapter

9 「ファンドや証券会社」で働きたい！

Section 1

ファンドや証券会社で何ができる？

会計を活かしたハイレベルなビジネスフィールドにおける仕事

本章ではとくにハイクラスの業務領域にターゲットを絞ってご紹介していきます。本書に掲載しているほかの仕事との大きな違いは、会計が中心に置かれている仕事ではなく、**会計のエッセンスを含んだ応用編ともいえる業務領域**になる点です。

会計は、あくまでビジネスツールの１つに過ぎません。その会計という強みを武器にすることで、ハイクラスなキャリアを歩める可能性があることを知っていただければと思います。

ファンド領域における業務

一言でファンドといっても、不動産ファンド、ベンチャーキャピタル（VC）、PEファンドなど、多様なファンドが存在します。そもそもファンドとは、投資家から集めたお金を１つの大きな資金としてまとめ、運用の専門家がそのお金を投資・運用し、その運用成果が投資家それぞれの投資額に応じて分配される仕組みのことを指します。

集めた資金を「どのような対象に投資するか」によって、そのファンドの種類が変わってくるわけです。投資対象の分析をしたり、価値評価をしたりする際には会計が関わりますし、また、ファンド自体の会計業務も必要になってくるので、ファンド業界と会計は切っても切れない関係にあるといえます。

証券会社のさまざまな職種で会計を活かせる

証券会社と聞くと株式の売買のイメージが強いかもしれませんが、実に多様な業務が行われています。非上場株を証券取引所で売買が行われるようにするための株式上場に関わる業務を担う公開引受部、また、M&Aに関わる業務を行う投資銀行部門などが、花形ポジションといえるでしょう。

このようなポジションには、出世コースを歩む証券会社の生え抜き社員や、監査法人などから転職してくる公認会計士などが活躍しています。ほかの部門と比較すると、少数精鋭が揃う特殊な部門といえるでしょう。

誰もが憧れる総合商社での仕事

ハイスペック人材のみが働くことが許される聖域ともいえる総合商社。基本的には難関大学出身の成績優秀層、体育会出身のパワー系人材、語学堪能な帰国子女といった精鋭達が、幾度にも及ぶ厳しい選考を通過して新卒で採用される職場です。

総合商社での業務は極めて多岐に及びますが、中途採用でも経理部門やM&A部門などで会計専門職が採用される場合があります。

高収入の極みともいえるM&A仲介会社での仕事

M&Aに関わる仕事も実にさまざまなものがありますが、企業の売り手と買い手をマッチングすることを目的にしたM&A仲介会社においても、会計はおおいに役立ちます。企業の売り買いに関わるわけですから、当然のことながら対象企業の財務諸表を読みこなす能力が必要とされます。

入社条件として、日商簿記２級の取得が義務づけられているような企業もあり、仕事上、最低限の会計スキルは必須の領域となっています。

Section 2

ファンドのジョブノート

ファンドの特徴

ファンドにはさまざまな種類があります。不動産に投資をする不動産投資ファンドや、主に非上場企業に投資をするPEファンド、ベンチャー企業に投資を行うベンチャーキャピタル（VC）などが、最もメジャーな例としてあげられます。

不動産投資ファンドの場合は、不動産を保有中に賃料収入として得られる収益（インカムゲイン）と不動産の売却で生じる収益（キャピタルゲイン）を狙った投資活動をします。PEファンドやVCは投資対象である企業が成長してIPOを達成したり、有力な企業に買収されたりするなどして得られる収益（キャピタルゲイン）を求めた投資活動をしています。

共通しているのは、投資家から集めたお金をまとめ、運用の専門家がその資金を投資・運用し、その運用成果が投資家それぞれの投資額に応じて分配される仕組みであるという点です。各ファンドの主な収入源は、各ファンドを運用していく際の管理報酬と、投資が成功した際に得られる成功報酬の２つです。

また、組織編制はおおむね、フロントオフィスといわれる案件担当と主に事務を担当するバックオフィスに分かれています。組織の規模によっては、その中間に主に顧客に関連した事務等を行うミドルオフィスが設置されている場合もあります。

評価される資格、スキル

- 投資銀行、戦略コンサル、総合商社、Big４系FAS出身者
- 論理的思考能力、情報収集力、資料作成能力、コミュニケーション能力
- 英語力（業務領域による）

働き方

基本的にはかなり忙しい業界であるという覚悟が必要ですが、どのポジションで仕事をするかによっても大きく忙しさは異なります。案件を発掘・組成するフロントオフィスは情報収集、市場調査などのために各地を飛びまわるので、物理的な移動も含めて多くの時間を割くためハードワークになります。

また、組織の運営体制によりますが、基本的にファンドは少数精鋭で運営され

ているので、投資案件数が増えるとミドルオフィスやバックオフィスも繁忙状態になります。ワーク・ライフ・バランスを最優先する方には不向きな業界です。

年収一例(万円)

※外資系と日系で給与水準は大きく異なる。キャリードインタレスト（通称：キャリー）とよばれる成功報酬を除いた参考金額。

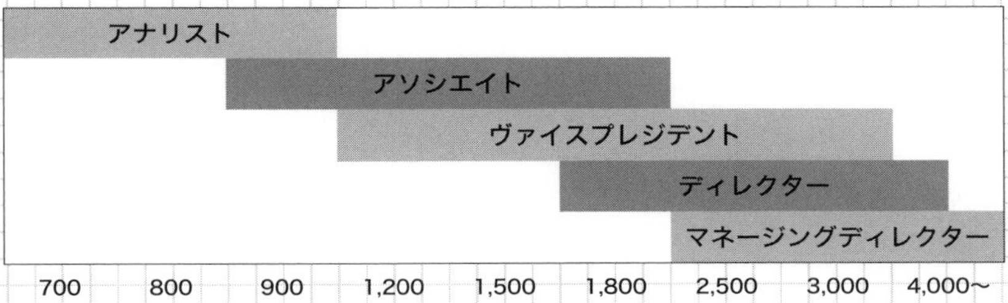

職種	年収(万円)
アナリスト	700～900
アソシエイト	900～1,800
ヴァイスプレジデント	1,200～3,000
ディレクター	1,800～4,000
マネージングディレクター	2,500～4,000～

700　800　900　1,200　1,500　1,800　2,500　3,000　4,000～

転職前／転職後の職種

転職前は何していた？		転職後は何している？
外資系・日系投資銀行	ファンドで働く	その他のファンド
戦略コンサルティングファーム		スタートアップCEO・CFO
大手総合商社		社外取締役
Big 4系FAS		ファンド立ち上げ
その他のファンド		フリーランス

POINT

ファンド業界は超ハイスペック人材が従事する仕事の１つとして、非常に高い人気があります。ベース年収の高さに加え、数年に一度支払われる成功報酬（キャリー）が大きな特徴です。マネージングディレクタークラスになると年収が１億円を超えることもめずらしくありません。外資系投資銀行、外資系戦略コンサルティングファームと並ぶ高収入業界の１つです。

また、外資系と比較すると、日系のVCの給与は大きく下がります。つまり、ファンドによって収入格差の大きい業界であるといえます。

Section 3

証券会社のジョブノート

証券会社の特徴

一言で証券会社といっても、外資系と日系でも大きく性質は異なります。また、大手から中小、ネット専業まで非常に多様性があることも特徴となっています。

ここでは、会計人材が働く場としての証券会社という観点からご紹介します。また、証券会社にも経理部門や内部監査部門などがありますが、本Sectionでは高度会計人材が活躍している投資銀行業務の一部について触れます。

・M&Aアドバイザリー部門…文字どおりM&Aに関する業務を行う。

・公開引受部門…株式公開（IPO）に関する業務を行う。

上記の業務は、コンサルティング会社などでも行われている業務ですが、大きな違いはいずれもエクイティ（株式等によって調達された返済義務のない資金）が関わる業務となっており、証券会社内の他部門との協業が行われる点や、ディールサイズにより手数料が大きく変動するため大型案件に偏っている点です。

評価される資格、スキル

- 公認会計士、USCPA（米国公認会計士）、難関大学MBA（特に海外MBA）
- 論理的思考能力、情報分析力、資料作成能力、コミュニケーション能力
- 英語力（案件による）

働き方

基本的には激務なことで知られ、繁忙状態になった時には月100時間以上の残業になることも少なくありません。

金融系の場合、案件対応の最前線となるフロントオフィス、事務系業務を行うバックオフィス、その中間業務を行うミドルオフィスがありますが、投資銀行業務ではフロントオフィスがその主役といっても過言ではなく、案件発掘から案件の完結に至るまで奔走します。ワーク・ライフ・バランス重視の方には不向きでしょう。

年収一例（万円）

※外資系と日系で給与水準は大きく異なる。
下記は日系大手証券会社の年収イメージ。

800	900	1,000	1,100	1,300	1,700	2,000	2,200	2,500～
リーダー／主任								
			マネージャー／課長					
						部長／部門長／執行役員		

転職前／転職後の職種

転職前は何していた？		転職後は何している？
新卒入社後、他部門からの異動	証券会社で働く	外資系証券会社（投資銀行）
コンサルティング会社		ベンチャーCFO
大手監査法人（出向もあり）		Big 4 系FAS
他の大手証券会社		コンサルティング会社
メガバンク・大手地銀など		各種ファンド等

POINT

証券会社と聞くと株式売買や個人向け金融商品といったイメージをもたれがちですが、M&AやIPOといった高度なビジネスパーソンが関わる業務の主戦場にあるのが投資銀行部門になります。

初心者向けの業務はないので、ある程度の経験を積んだ人材が社内異動や転職で採用されます。

上記では日系大手証券会社の年収イメージをあげましたが、外資系投資銀行の年収は上記よりも圧倒的に高いです。高年収が期待できる屈指の業界になりますが、狭き門でもあります。

また、日系大手証券会社の投資銀行部門は公認会計士も一定数働いており、大手監査法人からの出向者も受け入れています。

Section 4

大手総合商社のジョブノート

大手総合商社の特徴

大手総合商社における業界トップ５は、三菱商事、伊藤忠商事、三井物産、丸紅、住友商事です。また、双日、豊田通商なども大手総合商社の一角になります。

かつての総合商社といえば、日本の商品を海外に輸出し、海外の商品を日本に持ち込むようなビジネスや、海外企業と合弁会社を作って油田や天然ガスなどのプラントを立ち上げるようなビジネスが盛んでしたが、現在の総合商社は広義の意味での「投資会社」といえる存在となりました。

もちろん、旧来から行われてきた輸出入や諸外国との共同事業は現在も続いていますが、企業・事業買収、企業・事業再生、企業・事業売却といった業務も色濃くなってきています。また、屈指の高年収・好待遇・海外駐在といった魅力は色褪せておらず、超人気の就職先・転職先の１つです。

本体経理、子会社経理、事業部門経理、管理会計といった、ありとあらゆる経理系業務にはじまり、余剰資金の運用といった財務業務、各事業別の経営企画、企業の買収・売却に特化したM&A部門などもあり、会計人材が活躍するフィールドが数多く存在することも大きな特徴です。

評価される資格、スキル

- 難関大学MBA
- 公認会計士、税理士、USCPA（米国公認会計士）、日商簿記２級・１級
- 高い英語力（帰国子女は歓迎）、コミュニケーション能力

働き方

配属先の部門によって大きく異なりますが、どの部門も基本的には十分な人員数が確保されており、残業が少ない部門もあります。休日数も十分確保され、リモートワークやフレックスタイム制度なども充実しています。

また、海外駐在時の待遇の良さは折り紙付きです。一方で、部門によっては昼夜問わず働く必要があったり、会社によっては派閥の名残りが多少あったり、大手総合商社独自のカルチャーになじめるかが大きなポイントになりそうです。

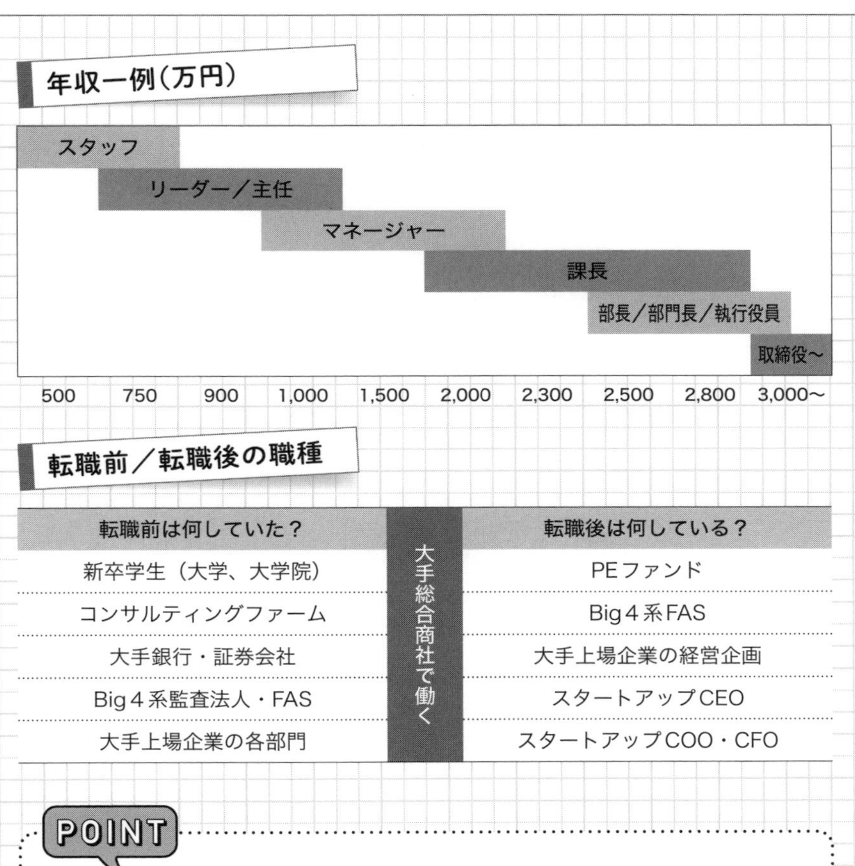

年収一例（万円）

役職	年収（万円）
スタッフ	500〜750
リーダー／主任	750〜1,000
マネージャー	1,000〜1,500
課長	1,500〜2,500
部長／部門長／執行役員	2,300〜2,800
取締役〜	3,000〜

転職前／転職後の職種

転職前は何していた？		転職後は何している？
新卒学生（大学、大学院）	大手総合商社で働く	PEファンド
コンサルティングファーム		Big４系FAS
大手銀行・証券会社		大手上場企業の経営企画
Big４系監査法人・FAS		スタートアップCEO
大手上場企業の各部門		スタートアップCOO・CFO

POINT

大手総合商社では、その待遇の良さから生涯勤め上げるという方も多い一方、超優秀＆アグレッシブな人材の集まりなので、その経験を活かして起業をする方も一定数います。

また、経営トップの片腕となるCOOやCFOになる方、PEファンドに転職したり、新たにファンドを立ち上げたりする方もいます。会計系業務やコンサル系業務が好きな方はBig４系ファームに転職するなど、人それぞれです。

総合商社で経験を積むことで、キャリアの幅は大きく広がるものの、待遇の良さを捨てて、新たな世界に挑戦しようと思えるかどうかがポイントになりそうです。

Section 5
M&A仲介会社のジョブノート

M&A仲介会社の特徴

M&Aには、売却する側（セルサイド）、買収する側（バイサイド）、いずれか一方の当事者をサポートするアドバイザー（ファイナンシャル・アドバイザー：FA）、また、第三者的立場から財務デューデリジェンスや企業価値算定などを行うアカウンティングファーム（FASや会計系コンサルファーム等）といったように、さまざまな立場の利害関係者が登場します。

M&A仲介会社は、主に買い手と売り手を引き合わせ（仲介）、M&Aを成立させたことによる手数料報酬を両者から得るビジネスモデルです。とくに営業色が強い仕事なので、会計系職種とはいえないかもしれません。しかし、M&A仲介の仕事をするうえで、売却される会社の財務諸表を読む力などは必須項目であり、最低でも日商簿記２級以上の会計に関する知識が求められます。

金融機関経験者や営業経験者などが、会計の知識を習得したうえでチャレンジすることが可能な高年収が期待できる仕事領域の１つとなっています。とくに有名なのが、日本M&Aセンター、M&Aキャピタルパートナーズ、ストライクの３社で、株式上場をしており「M&A仲介会社の御三家」とよばれます。

評価される資格、スキル

- 公認会計士、公認会計士試験合格者（短答式試験合格者含む）、税理士、税理士科目合格者、中小企業診断士、日商簿記２級・１級など
- 銀行、証券等の金融機関などでの営業経験
- 会計事務所や税理士法人とのネットワーク

働き方

とくに営業の仕事はかなり忙しいという覚悟が必要です。首都圏の案件もありますが、地方の事業承継に伴う案件もあるため、頻繁に出張する生活になります。

一方で、公認会計士をはじめとした士業が集い、デューデリジェンスやバリュエーションなどを行う社内業務が中心のポジションは、比較的、落ち着いた職場もあるようです。しかし、基本的には営業色が強い風土なので、その点のカル

チャーフィットは大変重要なポイントになるでしょう。

年収一例（万円）

※営業ポジションのイメージ。M&A仲介はインセンティヴボーナスが大きいのが特徴だが、下記はインセンティヴを除いた金額。

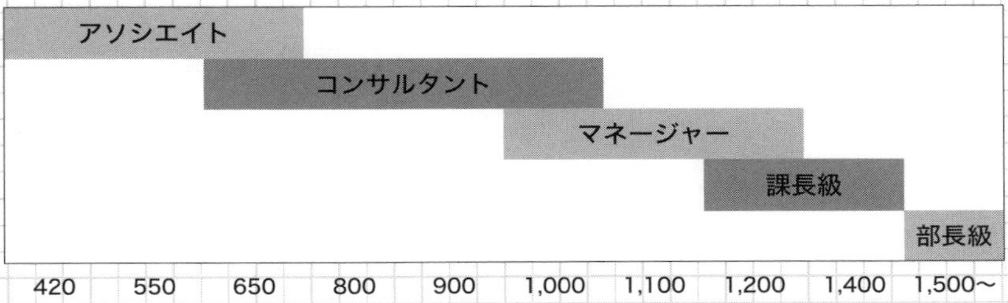

役職	年収（万円）
アソシエイト	420～800
コンサルタント	650～1,000
マネージャー	1,000～1,200
課長級	1,200～1,400
部長級	1,500～

420 550 650 800 900 1,000 1,100 1,200 1,400 1,500～

転職前／転職後の職種

転職前は何していた？		転職後は何している？
新卒学生（大学、大学院）	M&A仲介会社で働く	日系証券会社（投資銀行部門）
会計業界に関する営業職		独立開業（M&A仲介）
会計事務所・税理士法人		PEファンド
金融機関（メガバンク、地銀等）		経営企画や事業企画（M&A業務）
その他のコンサルティングファーム		その他のコンサルティングファーム

POINT

M&A仲介会社のなかにもさまざまなポジションがあります。営業（フロント）以外にも、営業サポートや調査を行う部門（ミドル）や、管理部門（バック）などです。

高収入を狙えるのは営業のポジションになり、成功報酬のインセンティブを含めると年収は数千万円に達します。また、M&A仲介業務を通じて得た経験は、ネクストキャリアの選択肢を大きく広げるので、その点も大きな魅力といえるでしょう。

Chapter 10 「その他のフィールド」で働きたい！

Section 1 その他のフィールドで何ができる？

ジャンルにとらわれない会計の仕事

これまでさまざまなフィールドで活躍する会計人材の仕事について述べてきましたが、会計は経済活動そのものと紐づいているので、あらゆる分野にその活躍の場があることがおわかりいただけたでしょうか。

たとえば、プロサッカーやプロ野球などのプロスポーツチームを運営している会社や、俳優やアーティストを抱える芸能事務所などでも、経理の仕事は必須ですから、専任の経理スタッフを雇っているケースが少なくありません。つまり、**自分が好きな業界や憧れの業界で働く**という夢を、会計の仕事を通じて実現させるということも不可能ではないのです。

このChapterでは今まで紹介してきた会計系職種のなかでも、かなり異色を放つ分野の職種をご紹介します。

パブリックセクターという選択肢

たとえば、会計検査院、金融庁、財務省といった官公庁で会計の仕事に就いている方々や、官公庁で働く公認会計士などもいます。官公庁は日本国民の税金で動いている組織であるため、「地域や国のために働きたい」というまっすぐな気持ちを抱いている方にはマッチする領域だといえるでしょう。

こういった領域は総称して**パブリックセクター**と呼ばれ、パブリックセクター向けのコンサルティングやアドバイザリーなども存在します。ただし、多くの場合は公務員になるので、公務員試験にパスする必要もあります。また、公務員試験に合格してからも会計関連の職に就けるかどうかは約束されるわけではないので、意図的にこういった領域で働くことは簡単ではないかもしれません。

講師という選択肢も

日商簿記、税理士、公認会計士、USCPA（米国公認会計士）といった主要な会計資格を取得しようとする方々を指導する**講師**として活躍する会計人材がいることを忘れてはいけません。

たとえば、公認会計士資格スクール「CPA会計学院」においても、難関資格の公認会計士試験に合格した後、講師になる方が複数います。

自分が得た知識をもっとわかりやすい形で相手に伝えることを熟慮し、その結果、受講生たちが満面の笑顔で合格していく姿を見ることが最高の生き甲斐なのだといいます。

これからの時代を背負う優秀な人材輩出という観点からも、非常に魅力的な仕事です。

誰も知らない領域で活躍する可能性も

その他のフィールドとしてジャンルにとらわれない会計人材の仕事についてご紹介しましたが、上記はほんの一例にすぎません。

これから時代の変化するスピードが加速度的に増していくといわれるなかで、さまざまな新しい職種が登場してくることは容易に想像できます。

一方で、「世界共通言語」ともいわれる会計のルールが根本的に覆ることは考えられません。したがって、**会計×〇〇**という未知の新しい領域を開拓するというのも面白いかもしれません。

会計　×　〇〇の具体例

会計　×　IT　会計　×　AI　会計　×　Web3.0　会計　×　ブロックチェーン

会計　×　ESG　会計　×　SDGs　会計　×　プロスポーツ　会計　×　CEO　etc.

例えば、上記のように会計と何かを掛け合わせることで新しい価値が生まれます。特定の領域や最新トレンドと会計の掛け合わせには大変興味深いものがあります。特に、会計×CEOに関して触れるならば、公認会計士が起業してCEOを務めるようなケースも徐々に出てきました。

Section 2

パブリックセクターのジョブノート

パブリックセクターの特徴

これまで、基本的には営利組織における会計職についてご紹介しました。一方で、金融庁や財務省といった官公庁を筆頭に、非営利目的で運営される組織もあります。

また、公益法人、社会福祉法人、独立行政法人、国立大学法人、医療法人、学校法人、特殊法人といった公的機関も同様に、「非営利」が基本的なコンセプトにあります。このような組織においても、活動をしていくためには資金が必要で、お金とは切っても切れない関係にあります。そのため、少数ですが会計業務を担当している人がいます。

さらには、こういった公的機関を税務・会計面からサポートしている会計事務所や税理士法人もあります。また、公的機関の会計監査に専門特化した監査法人や、大手監査法人の部門などもあります。

また、各分野の専門家が、職業上持っている知識やスキルを無償提供して社会貢献するボランティア活動全般を指す「プロボノ」を応援している認定NPO法人などもあり、公認会計士などの会計専門家がソーシャルセクターで活躍していることもあります。さらに、大手監査法人で働いている公認会計士などを中心に、金融庁などの官公庁に出向する場合もあり、多様な関わり方が可能なフィールドでもあります。

評価される資格、スキル

- 日商簿記２級・１級
- 公認会計士、税理士、中小企業診断士、社会保険労務士等
- 一般企業の経理実務経験、会計事務所や税理士法人での実務経験
- 公務員試験合格者

働き方

公務員として働いている方、副業で働いている方、出向で働いている方、週末や祝日に限定してボランティアとして働いている方など、働き方は人それぞれです。

また、所属する組織によって大きく異なります。印象としてゆったりと働けそうなイメージをもたれるかもしれませんが、非営利がゆえに少人数で活動していることも多く、職場によってはハードワークなこともあります。

年収一例（万円）

公務員からボランティアに至るまで、条件はかなり異なります。

転職前／転職後の職種

転職前は何していた？	パブリックセクターで働く	転職後は何している？
新卒学生（専門学校、大学、大学院）		NPO法人代表
一般企業の経理職		監査法人（パブリックセクター）
会計事務所・税理士法人		各種公的法人
監査法人		公務員
コンサルティングファーム		シンクタンク

POINT

非営利目的の組織での仕事になるので、非常に特殊な仕事の１つといえるでしょう。このジャンルには、実にさまざまな種類があるので、ご自身が強く興味を持っている分野の法人を選ぶことで、金銭的報酬では得られないやりがいを感じることができるかもしれません。また、公認会計士や税理士といった資格や経理の経験などを社会のために役立てているという実感を得やすい点も魅力のひとつです。

Section 3

資格スクール講師のジョブノート

資格スクール講師の特徴

会計系の資格は、チャレンジしやすい日商簿記検定をはじめ、税理士、公認会計士といったような難関国家資格までさまざまです。とくに、税理士や公認会計士といった難関資格は独学で取得することが困難であるため、それらの資格を目指すほとんどの方々が、資格スクールに通って勉強をします。そういったスクールにおいて、受講生を全面的にサポートしていくのが資格スクールの講師です。

具体的な業務としては、テキストなどの教材作成、実際の講義や講義動画の収録、模擬試験の作成・採点、受講生からの多種多様な相談、受講生に合わせた個別学習スケジュールの作成などなど、数えればきりがありません。

みずから講師を希望する方もいますが、学んできた資格スクールが成績優秀者を対象に「講師になりませんか？」とスカウトをかける場合もあります。

基礎能力やホスピタリティの高さに加え、相手にわかりやすく物事を教えていく能力や、講師に相応しい気質の持ち主であることなど、多数の要件を満たす必要があるので、単純に「講師になりたい！」という気持ちだけでなれる仕事ではないといえます。

評価される資格、スキル

- 公認会計士、税理士などの難関国家資格合格者、日商簿記１級
- 資料作成能力、プレゼンテーションスキル、コミュニケーション能力
- 関わる人々のモチベーションを引き出す力

働き方

スクールによって大きく働き方は異なりますので、一概にはいえませんが、受講生の要望に応えていくためには、土日・祝日に休むといったカレンダーどおりの生活を望む方は対応が難しいでしょう。

ハードワークともいえますが、自分でスケジュール調整がしやすい側面もあるので、調整力に自信がある方には働きやすい環境になる場合もあります。

年収一例（万円）

年収はスクールによって大きく異なります。一般的には、経営母体が学校法人よりも株式会社のほうが報酬体系が自由なので、トップ講師になると年収2,000～3,000万円以上を目指すことも可能です。まさに実力主義の世界といえます。

転職前／転職後の職種

転職前は何していた？		転職後は何している？
新卒学生（専門学校、大学、大学院）	資格スクール講師として働く	他の資格スクール
公認会計士・税理士資格受験専念者		独立開業（士業事務所）
監査法人		起業（スタートアップ）
会計事務所・税理士法人		フリーランス
他の資格スクール		一般事業会社の経理・経営企画等

POINT

「人々の可能性を広げ、能力を引き出し、関わる人達の人生を豊かにする応援がしたい」という気持ちを持っている方でないと務まりません。まず、相手に与えるGiveの精神を持っている必要があります。

一方で、教え子達が難関資格に合格する姿や、社会で活躍する姿を目にする時、他のどんな仕事にも代えがたい喜びと感動を覚える仕事であることは確かです。

Part 4

「憧れの姿」から適職を見つける

Part 4 でお話しすること

キャリアを積めば
その道のプロになれる！

専門資格がなくてもハイクラスのキャリアを目指すことは可能

このPartでは会計系キャリアの最高峰ともいえる**CFO**（Chief Financial Officer）や**CAO**（Chief Administrative Officer）といった職種についてご紹介します。また、年齢が高くなっても逆にそれまでの経験を活かすことができる監査役や社外取締役などについても触れます。

最近は、公認会計士がCFOやCAOになるケースが非常に多いですが、CFOやCAOになることに資格は必要ありません。資格よりも実務能力や経験がモノをいう世界で、会計系職種を志すすべての方が、目指すことができる職種ともいえます。

皆が憧れるCFOについて

CFOと聞くと、誰もが「おっ！」と注目する職種ではないでしょうか。日本語では、「最高財務責任者」ですから重厚感もあります。

もともと欧米系の企業で使われていた用語で、CEO（Chief Executive Officer／最高経営責任者）と並び、その重要な役割とステータス性から憧れている人も多いです。

最近ではCFOというと、ベンチャー企業において資金調達をする人というイメージが強いかもしれませんし、実際に投資銀行出身の方がCFOになるようなケースも増えてきています。しかし、CFOは単なる資金調達だけが求められているのではなく、財務面を含む総合的な能力が必要とされています。

注目度が高まっているCAOについて

CAOは、CFOと密接な関係にあるポジションといえる職種です。

具体的には、経理・財務・人事・総務・法務といった、いわゆる管理部門業務全般を統括する業務内容となっており、CFOの業務と類似している点も多くあります。

CFOのほうが資金調達的ニュアンスが強い印象をもつかもしれませんが、CFOがCAOのように管理部門業務全体の統括をしている組織も多く、CFOとCAOの境界線がややあいまいになっているといっても過言ではありません。

CFOとCAOの役割のすみ分けや、その存在意義の明確化などが必要とされています。

キャリアの最終着地点という印象も強い監査役や社外取締役

上場企業の社長や役員だった方が常勤監査役になったり、株式公開を目指す会社で非常勤監査役を兼任していたりするのをよく目にします。

また、最近は積極的な社外取締役の登用も世の中の流れで求められており、ある程度のキャリア構築ができた方が、最前線からは退きたいと考えた時に模索するキャリアとしても人気のある職種領域になっています。さらに、ハイクラスで知名度の高い方が複数の社外取締役を兼務して活躍しているケースもあります。

まとめ

本Partでは、一般的にハイクラスといわれる職種領域について紹介していきます。いきなりこの職種に就くことはできませんが、いずれも資格ではなくて実務経験の量やキャリアの長さが重要視されるという点が共通しています。

Chapter 11 「CFO」になりたい！

Section 1 CFO（Chief Financial Officer）ってどんな仕事？

CFOとは

CFO（Chief Financial Officer）は**最高財務責任者**と訳され、経理・財務担当役員の役割を超えて、企業価値向上のためにCEO（Chief Executive Officer）の経営戦略策定および執行を、主に財務面で支える最高責任者のことをいいます。

一般的な管理部長や経理部長との違いは、経理・財務に関する仕事にとどまらず、経営の意思決定支援にまで及ぶところで経営陣の１人として重要な役割を果たします。

会計系職種のなかでも最高峰といえる職種であり、多くのキャリア志向の人々が憧れるポジションです。最近ではベンチャー企業がリスクマネーを調達するための資金調達専門家としての意味合いも強くなってきています。

主な役割

経理・財務全般の統括はもちろん、コーポレート・ガバナンス、リスクマネジメント、事業ポートフォリオの再構築、IR活動、財務情報システム導入など……法規制の強化やグローバル化をはじめとした経営環境の劇的な変化に伴い、CFOが活躍する範囲は広がり続けています。

また、CFOの業務内容は組織の成熟度に伴って変化していくことも大きな特徴の１つです。

CFOの業務・役割一覧

コーポレート	マネジメント	採用・教育、PDCAサイクル・KPI化、マニュアル化
	管　理	経理・人事・総務・法務メンバーの管理、強化
経理・財務	経　理	財務会計、ディスクローズ／IR、管理会計、セグメント管理、予算統制
	財　務	キャッシュマネジメント
	税　務	TAXマネジメント
	体制構築	内部統制、コーポレート・ガバナンス、リスクマネジメント
戦　略	財務戦略	投資ポートフォリオ作成、コーポレートファイナンス、デットコントロール、エクイティコントロール、TAXコントロール、IPO、MBO、M&A
	事業戦略	事業ドメイン立案、事業戦略立案、事業計画立案、グループ経営管理
	将来投資	新規事業、海外進出、事業承継

以下では、企業のフェーズによって求められるCFOの役割を３つご紹介します。

❶ ベンチャー期：資金調達

創業したばかりの企業は十分な運転資金を持ち合わせていません。そのため、事業を成長させるための初期投資などを行うために、外部から資金調達を行う場合が非常に多くなっています。

資金調達には大きく分けて、以下の２つの方法があります。

・金融機関からの融資を受ける（デットファイナンス）。

・投資家やVC（ベンチャーキャピタル）などから出資を受ける（エクイティ・ファイナンス）。

そのため、CFOは以下のような業務を行います。

(1)　財務諸表の整理、返済計画策定、金融機関との交渉

(2)　投資家やVCの候補リスト作成、発行する株式の数や種類の検討、投資契約書の確認

❷ 拡大期：財務戦略の立案・実行

企業の拡大期には、従業員の人件費、広告宣伝費、新規サービス・商品の開発コストの増加などがあり、会計処理も複雑化します。

また、予算実績の差異分析や、適切な予算分配、コストカットなど、経営戦略に基づいた財務戦略の実行が求められます。

❸ 上場前後：内部統制、チームマネジメント、関係各所への渉外活動

企業が上場準備の段階になると、内部統制や渉外活動といった業務が追加されるため、業務を分業してチームを組成し、そのチームをマネジメントする必要が出てきます。

また、機関投資家や市場関係者とのコミュニケーションは、株価にも大きな影響を及ぼすため、CFOの役割がさらに重要になります。

会社の種類による業務の違い

上述のように、CFOの役割はその会社によってさまざまですが、会社のステータス（状況）によって大まかに説明できます。

たとえば、これから上場を目指すベンチャー企業のCFOは、経理・財務実務と管理体制の強化を軸に、資金調達と上場準備業務の牽引・実行が求められます。とはいえ、日々の経理・財務の実務担当の１人としても手を動かしますし、人事や総務、法務など管理部門全体の統括や採用などの組織づくりも業務に入ってくる場合がほとんどです。

また、ユニコーンとよばれるベンチャー企業のように上場前から巨額の投資を受けている場合は、上場前から経理・財務実務とファイナンスを分けていることもあります。上場して公開会社になると、ステークホルダーへのディスクローズ業務や、継続して成長をし続けるための事業戦略などに時間を割く必要が出てきます。そのため、経理・財務の実務はできるだけCAO（Chief Administrative Officer）やメンバーに引き継ぐことも大切になってきます。

外資系企業のCFOは、規模にもよりますが日本支社の経理・財務・事業の統括と経営実態を本国にレポートし、本国からの指示を正しく日本支社に

伝えるという「本国とのコミュニケーション窓口」という役割を担っています。

資金調達や事業計画などの意思決定は、本社（本国）が行うパターンが多いため、国内企業のCFOと比べて役割がやや狭くなります。

業務の違い　　注力度（◎>○>△>×）

	大手上場	新興上場	IPO準備中ベンチャー	ユニコーンベンチャー	外資
マネジメント	◎	○	○	○	◎
財務会計実務	×	○	◎	△	○
管理会計業務	△	○	○	△ →CAO	△ →FP&A
ディスクローズ／IR	◎	◎	△	○	×
資金調達	○	◎	◎	◎	×
IPO準備の牽引・統括	×	△	◎	○	×
コーポレートファイナンス	◎	◎	△	○	×
事業戦略立案	○	○	△	○	×

このように、CFOには最高財務責任者として、管理部門の統括や会社全体の組織づくり、財務会計業務やその統括、さらには財務戦略や事業戦略の立案・意思決定・実行といった経営を支える役割があります。

次のSection以降では、大手上場企業、新興上場企業、ベンチャー企業、外資系企業におけるより詳しい役割についてご紹介します。

Section 2
大手上場企業CFOのジョブノート

大手上場企業CFOの特徴

ここでは、十分に成熟した主たる事業を軸に、国内外に数多くの子会社があり、新商品や新規事業も常時開発しているような、典型的な大手上場企業を想定します。大手上場企業のCFOに求められるものは、①広範囲にわたる経理・財務の長としての側面、②経営責任を担う役員としての側面です。

まず、①については、自社の全事業（国内子会社、海外子会社、関連会社を含む）に関して正しく財務状況を把握し、各法人の内部統制、コンプライアンス、リスクマネジメント、複数の会計基準への対応、諸外国の税制など、すべてを網羅的に熟知しながら経営を管理していくことです。

そのうえで、②では企業価値を向上させ続けるための経営戦略を財務面から総合的に支え、その責任をとることが求められます。

評価される資格、スキル

- 該当する業界に関して熟知していること
- 経理、財務、税務、経営企画、新規事業開発、子会社管理など総合的な経験や能力
- 公認会計士、MBA（海外一流大学）
- 高い英語力

働き方

大手上場企業のCFOは基本的に役員となるので、委任契約に基づいて企業経営の維持や価値向上に力を尽くすことが求められます。雇用契約ではないため、当然のことながら、労働基準法や就業規則は適用されません。

多くの部下を抱えることになるため、作業的な業務に時間を割かれることは少ないですが、常に会社全体を把握し続けるために神経を尖らせ、人材マネジメントやプロジェクトマネジメントをする必要があります。心身の健康やバランスを崩すようなことがあると大きな損失につながるので、タフネスさが求められる役職であるといえるでしょう。

年収一例（万円）

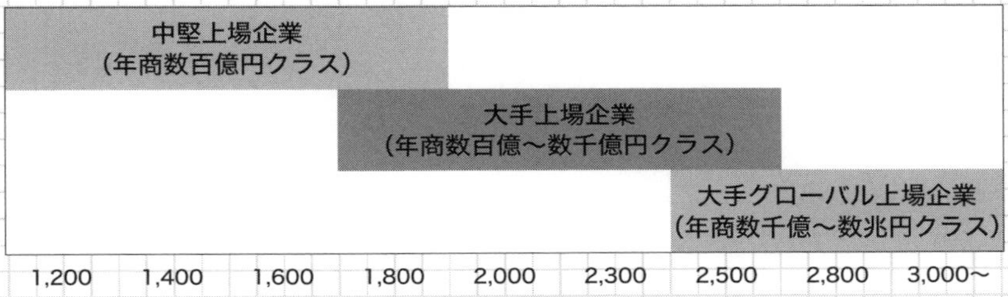

1,200	1,400	1,600	1,800	2,000	2,300	2,500	2,800	3,000〜
中堅上場企業（年商数百億円クラス）								
			大手上場企業（年商数百億〜数千億円クラス）					
						大手グローバル上場企業（年商数千億〜数兆円クラス）		

転職前／転職後の職種

転職前は何していた？	大手上場企業で働く	転職後は何している？
転職ではなく、自社内で抜擢されるケースが多くなります。社内で財務、事業戦略、経営企画、新規事業創出、子会社社長、構造改革、経営戦略立案などの経験をした方が抜擢されます。		転職ではありませんが、近年、CFOが業績改善などの実績を評価され、CEO（最高経営責任者）になる人事例も増えてきました。
同レベルの企業におけるCFO		同レベルの企業におけるCFO

POINT

大手上場企業のCFOともなると、経理財務の実務は部下が行うことになり、残りの時間は経営に割くことになります。新規事業を加速させるためのM&Aや、不採算部門の切り離しの検討なども行うことになるので、他の経営陣とともに、投資銀行やPEファンド、コンサルティングファームや監査法人のアドバイザリーなどと仕事を行う機会が多くなります。

生え抜きの優秀な人材が登用されることも多いですが、最近は、同業他社や類似企業からヘッドハンティングされるケースもめずらしくありません。なかでも、トップ企業のCFO就任といった人事は、国際的なニュースになることもあります。

Section 3

新興上場企業CFOのジョブノート

新興上場企業CFOの特徴

新興上場企業とは、主にグロース市場に上場している成長過程にある企業のことを指します。新興上場企業のCFOは、①上場企業としてふさわしいレベルの管理部門統括と、②調達した資金を適切に投資に回して経営を舵取りしていくことの大きく2つが求められます。

新興上場企業は、上場企業の基準で経理・財務・人事・総務・法務といった管理部門を運営することが求められます。Chapter12でご紹介するCAO（Chief Administrative Officer）がいない場合は経理・財務の業務を中心に、CFOもみずから手を動かすケースが多くなります。四半期ごとの決算短信、その他開示業務や株主総会の対応がマストとなるので、管理部門のマネジメントもより一層強化する必要が出てきます。非上場時にはなかった株主からの各種問合せなども生じるので、率先して対応する必要もあります。

また、調達した資金をどのように運用していくのかという重要な業務を任されます。調達した資金を寝かしておくだけでは機関投資家をはじめとした株主の期待に応えることはできません。そのため、既存サービスのテコ入れ、新規事業への投資、シナジーのある企業の買収、その他、企業価値を向上させ続けるために必要な投資を経営陣として意思決定し、責任をとる立場となります。

評価される資格、スキル

- 投資銀行やPEファンドでの実務経験
- 公認会計士、公認会計士試験合格者
- 上場企業における財務会計・管理会計の実務経験、管理部門全般の知見
- 部下育成などのマネジメント経験、高いコミュニケーション能力

働き方

四半期、本決算、株主総会と、年間を通じて繁忙の波が訪れますが、上場準備期間と比べると、比較的落ち着いてくる企業もあります。しかし、成長のための戦略を描き続ける立場になるので、精神的な側面からは常に経営陣としての緊張

感を求められます。ワーク・ライフ・バランスを重視したい方には不向きなポジションといえるでしょう。

年収一例（万円）

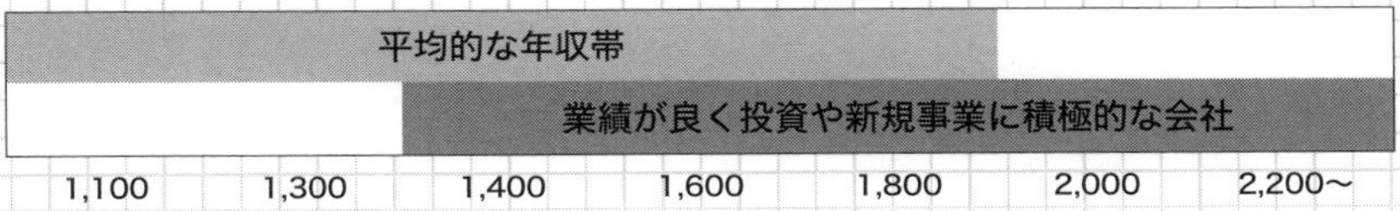

1,100	1,300	1,400	1,600	1,800	2,000	2,200～
平均的な年収帯						
		業績が良く投資や新規事業に積極的な会社				

転職前／転職後の職種

転職前は何していた？		転職後は何している？
投資銀行やPEファンド	新興上場企業で働く	他の上場企業のCFO
他の上場企業のCFO		上場準備企業のCFO
上場準備企業のCFO		他企業の役員（取締役等）
コンサルティングファーム		常勤監査役
他企業の役員（取締役等）		フリーランス（社外取締役等）

POINT

新興上場企業のCFOは、非上場ベンチャー企業のような機動力やスピード感と、上場企業としての一定水準の管理体制を求められる点が特徴です。上場したことで得た資金をどう使っていくのかを経営陣として意思決定していくことができる点がCFOの魅力といえます。

キャリアの観点からは、再びスタートアップに戻る、他の上場企業のCFOとして転職するなど、経営幹部としての経験を幅広く活かしていくことが可能です。

Section 4
ベンチャー企業CFOのジョブノート

ベンチャー企業CFOの特徴

ベンチャー企業のCFOに求められる主な役割は、①ファイナンス、②戦略、③管理です。経営者とともに、経営戦略・財務戦略を練り上げ、第三者に伝わりやすいように整理し、金融機関や機関投資家などに説明をして回りながら資金調達をします。そして、調達した資金を経営方針に従って慎重に管理、投資していくイメージです。

ベンチャー企業は組織が未整備で、人員も少なく、兼務で複数の業務を担うのが当たり前です。CFOもその例外ではなく、経理・財務をはじめとして、労務管理、契約書関連業務を中心に法務業務や総務業務、人材採用活動に至るまで、あらゆる管理部門の業務を行っていきます。

また、企業の成長スピードが非常に速く、売上規模や従業員数によって、企業ステージが目まぐるしく変化し、それに伴いCFOの役割も出世魚のごとく変わります。CFOを据えるベンチャー企業のほとんどがIPOを目指しているので、CFOはその旗振り役となります。

評価される資格、スキル

- 公認会計士、公認会計士試験合格者、日商簿記１級
- 経理、管理会計、財務、経営企画、労務の実務経験
- 上場企業や上場準備企業、VC（ベンチャーキャピタル）やコンサルティング会社での実務経験
- 高いコミュニケーション能力

働き方

ベンチャー企業は常にマンパワーが不足しており、経営陣が経営と実務の両方を行うため、慢性的に忙しくなりやすい傾向が強いです。また、経理業務は月次、四半期、年次決算といった決算期は忙しくなります。それと並行して、資金調達や人員確保、IPOに向けた証券会社、監査法人、証券取引所とのやり取りなどが行われるので、上場直前は最低でも２年ほどは超多忙な日々が続きます。

年収一例（万円）

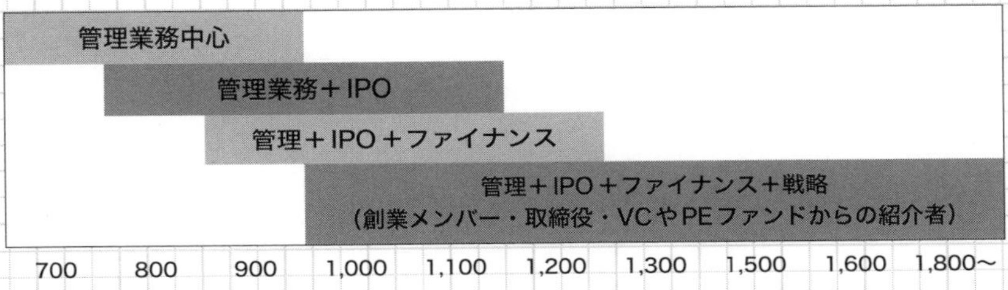

業務内容	年収目安（万円）
管理業務中心	700〜900
管理業務＋IPO	800〜1,100
管理＋IPO＋ファイナンス	900〜1,200
管理＋IPO＋ファイナンス＋戦略（創業メンバー・取締役・VCやPEファンドからの紹介者）	1,000〜1,800〜

700　800　900　1,000　1,100　1,200　1,300　1,500　1,600　1,800〜

※成長ステージに伴いCFOに求められる業務内容は変化し、それに伴い年収も上昇していく。

転職前／転職後の職種

転職前は何していた？		転職後は何している？
監査法人（IPO部門）	ベンチャー企業で働く	CFO、役員（ベンチャー／新興上場）
会計系コンサル（FAS・IPO）		IPOコンサルタント
証券会社（投資銀行部門）		PEファンド
上場準備会社（CFO・CAO）		社外取締役
金融系（VC、ファンド等）		エンジェル投資家

POINT

ベンチャー企業CFOは、「動くこと」と「動かすこと」を同時に要求されます。社長や各事業部の責任者、管理部門のメンバーに加え、株主や金融機関など社内外とのコミュニケーションをとることが重要な役割です。そのため、専門知識やスキルはもちろん、コミュニケーション能力や信頼される人柄、企業文化に合うキャラクターといったソフトスキル面でも高いものが要求されます。

また、IPO達成時にストックオプションで億万長者になる方もおり、夢のある仕事の１つだといえます。

Section 5
外資系企業のCFOのジョブノート

外資系企業のCFOの特徴

外資系企業のCFOの主な役割は、①会計関連部門（主計、管理会計、税務、財務、購買など）全体の取りまとめと、②本国法人やヘッドクォーター（本社）とのコミュニケーションです。

経営に関する意思決定や資金管理については、本国法人が直接担うことが多く、日本法人のCFOの業務には経営企画や資金調達が業務内容に含まれることはほとんどありません。

また、本国法人やヘッドクォーターがほしい日本法人の情報をレポーティング（報告）したり、さまざまな国に点在するグループ会社（工場・倉庫・販売店など）とのオンライン会議に出席したりするため、高い英語力とコミュニケーション能力が必要とされます。

さらに、CFOはアカウンティング（経理）＋FP&A（管理会計）のトップとして、本国に対しての業績、予算、投資等への説明責任を担うので、会計のみならずビジネスの深い理解と知見、判断力が必要となってくる点が、コントローラー（経理部長）以下の職階との一番の違いとなります。

日本国内にある外資系企業のなかでも大規模な法人は、管理部門全体の組織が大きく複雑で、CFOの管掌範囲に「ITシステム」や「営業企画」が入るなど、企業組織ごとの特徴が出る場合があります。しかし、日本にある外資系企業の多くは中小規模です。

中小規模の外資系企業の管理部門は、CFO直轄のアカウンティング・FP&A・TAX（税務）を統括するコントローラーや、場合によってはトレジャラー（財務部長）がいるというシンプルな構造が一般的です。

外資系大手企業の管理部門組織の一例

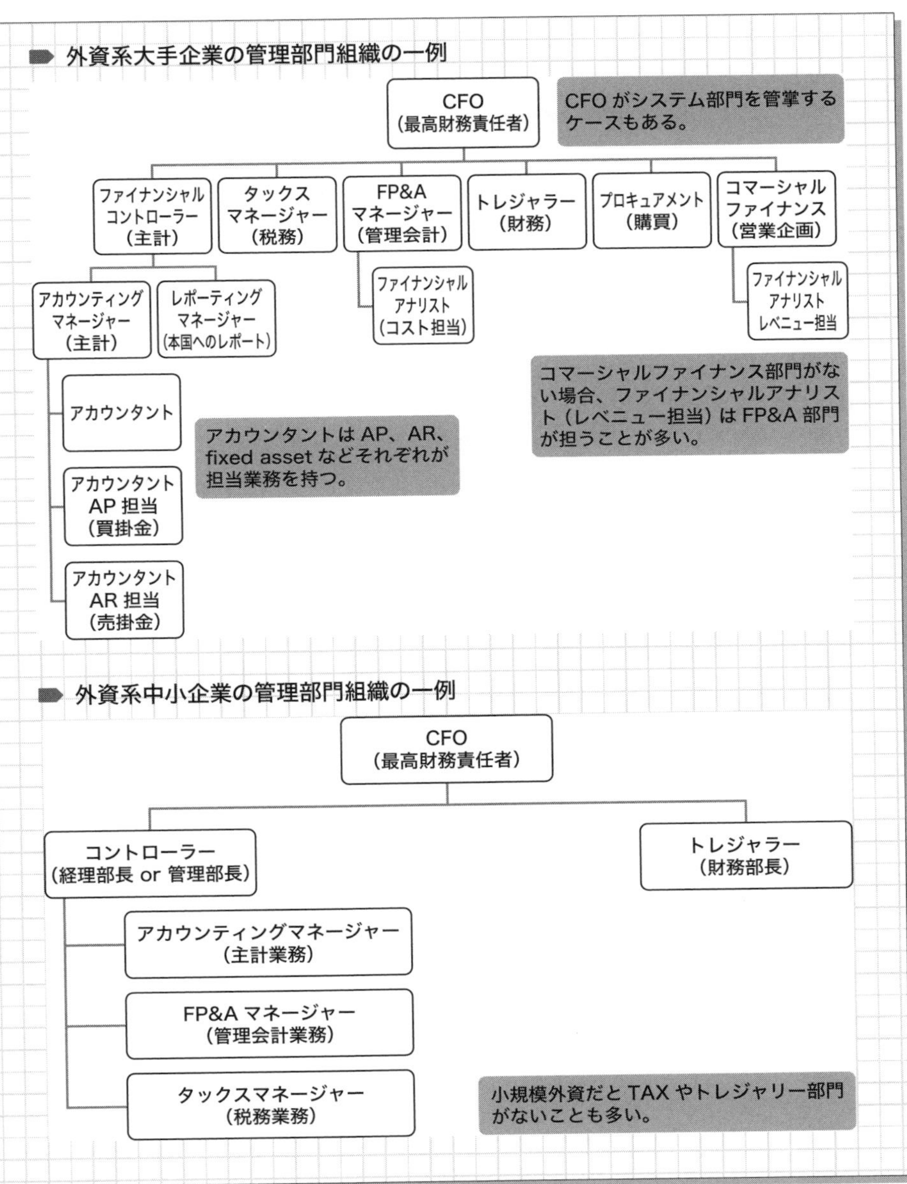

外資系中小企業の管理部門組織の一例

評価される資格、スキル

- 公認会計士、USCPA（米国公認会計士）、MBA
- 管理会計、経営企画の実務経験
- 同業他社での実務経験や業界知識
- 高い英語力とコミュニケーション能力（高度な議論や交渉ができるレベル）

働き方

外資系企業は、効率主義で仕事とプライベートの切り分けやバランスを重要視する文化の企業が多いため、残業は歓迎されない傾向にあります。しかし、CFOは本社や複数の海外法人と仕事をすることも多く、時差により深夜や早朝に会議が行われるので、勤務時間は不規則になることもあります。

睡眠時間がなかなか取れないような場面も想定される一方で、外資系企業はオンオフのメリハリがあるので、夏期休暇やクリスマス休暇には２～３週間の休みが取れるような企業もあります。

年収一例（万円）

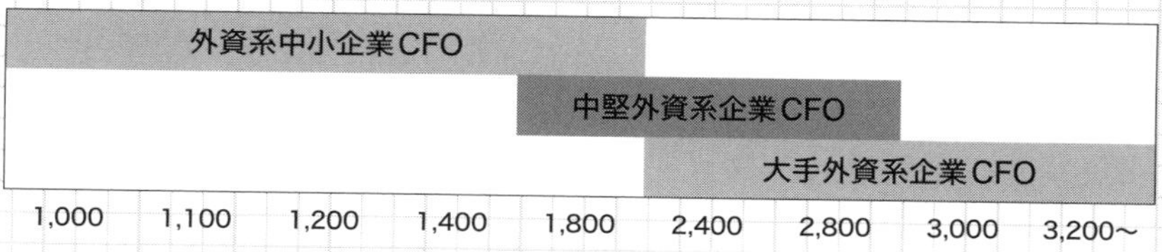

外資系中小企業CFO
中堅外資系企業CFO
大手外資系企業CFO

1,000　1,100　1,200　1,400　1,800　2,400　2,800　3,000　3,200～

転職前／転職後の職種

転職前は何していた？		転職後は何している？
外資系企業のコントローラー（＝会計統括者）	外資系企業で働く	外資系企業のCFO
FP&Aマネージャーレベル		外資系企業のCEO（日本法人代表）
経理・財務・経営企画の実務経験＋英語力		外資系特化型の税理士法人やアウトソーサー

POINT

外資系企業のキャリアの重ね方は、転職という手段を通じて、今より高い職位や報酬を得られるようにステップアップすることが一般的です。そのため、外資系企業で働いている方は、日系企業でキャリアを積んできた方と比較すると転職回数が多いのが普通です。

また、外資系企業に強いヘッドハンターの動きも大変活発で、同業他社からCFOが引き抜かれるというようなこともめずらしくありません。

そのほか、外資系企業は日系企業と比べると一般的に年収が高いのが特徴の１つですが、日系企業のような退職金制度がない場合や、定年退職をしなくてはならない年齢が日系企業と比べて低い場合などもあり、一長一短です。

実力主義の世界において短期間で多くを稼ぎ、アーリーリタイヤをしたい方などには向いています。

Chapter

12 「CAO」になりたい！

Section 1 CAO（Chief Administrative Officer）ってどんな仕事？

CAOとは

CAO（Chief Administrative Officer）とは**管理部門（バックオフィス部門やコーポレート部門ともいう）の統括責任者**です（Chief Analysis Officer＝最高分析責任者もCAOと略しますが、別の役職なので注意）。CFOが主に行うファイナンス（資金調達）以外の管理部門の統括を担当します。

CEO、COO、CFO、CTOといった代表的な「CxO（シーエックスオーといいます）」をはじめ、日本においては会社法上の裏付けがないため、会社が必要だと思えば作ることが可能な役職で、日々、新たなCxOが増え続けています。

CAOはここ最近、定着してきた役職となっており、資金調達をメインミッションとするCFOとの明確な差別化を目的とし、管理部門としてのトップであるということをわかりやすく表現するための役職といえます。

主な役割

管理部門全体を統括するという点で、大手企業によく見られる管理本部長と似ていますが、管理本部長はマネジメントが中心です。

一方で、CAOはプレイングマネージャーとしてみずから手を動かすことが求められるポジションで、経理・財務・人事・総務・法務といった管理部門についての広い知識やマネジメント経験のみならず、実務者（とくに経理）としての機動力が必要とされます。その点においては小さな会社の管理部長とよく似ています。

また、経営判断のもとになる予算実績差異分析に関する資料を正確に作成

体系図

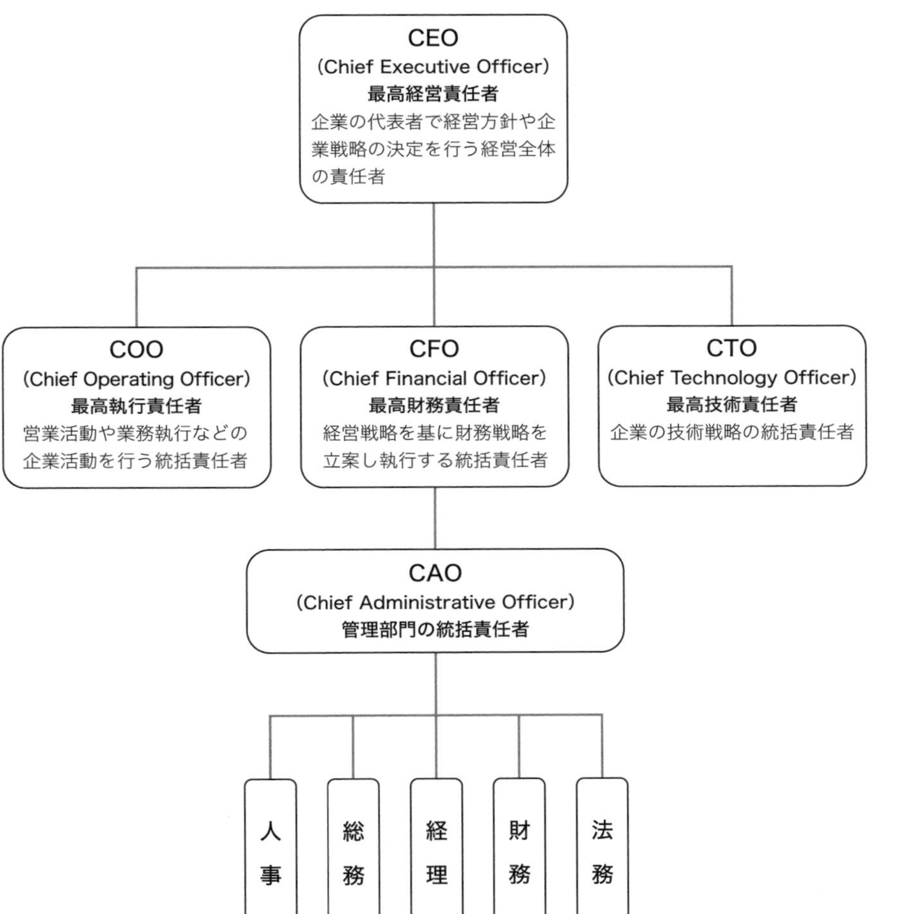
CEO
(Chief Executive Officer)
最高経営責任者
企業の代表者で経営方針や企業戦略の決定を行う経営全体の責任者
COO
(Chief Operating Officer)
最高執行責任者
営業活動や業務執行などの企業活動を行う統括責任者
CFO
(Chief Financial Officer)
最高財務責任者
経営戦略を基に財務戦略を立案し執行する統括責任者
CTO
(Chief Technology Officer)
最高技術責任者
企業の技術戦略の統括責任者
CAO
(Chief Administrative Officer)
管理部門の統括責任者
人事
総務
経理
財務
法務

すること、CFOがファイナンス業務に専念できるように、そのほかの管理業務をすべて高いレベルで行うことで、CFOを下支えする存在といえます。さらには、管理部門の機能を現状維持ではなく、常にパワーアップさせていくという役割も求められます。

以前は、管理部門の統括者といえばCFOといわれることが多かったですが、管理業務（経理・財務・人事・総務・法務等）に強みをもつCAOとのすみ分けが明確化してきたのが最近のトレンドです。その要因として、スタートアップやベンチャー企業において、エンジェル投資家や機関投資家といったさまざまな投資家から資金調達をするために、財務に強みを持つ、投資銀行や外資系コンサルティング会社出身のCFOが増えてきたことがあります。

CAOとCFOの業務・役割分担一覧

CAO	コーポレート	マネジメント	採用・教育、PDCAサイクル・KPI化、マニュアル化
		管理	経理・人事・総務・法務メンバーの採用、管理、強化
	経理・財務	経理	財務会計、ディスクローズ／IR、管理会計、セグメント管理、予算統制
		財務	キャッシュマネジメント
		税務	TAXマネジメント
		体制構築	内部統制、コーポレート・ガバナンス、リスクマネジメント
CFO	戦　略	財務戦略	投資ポートフォリオ作成、コーポレートファイナンス、デットコントロール、エクイティコントロール、TAXコントロール、IPO、MBO、M&A
		事業戦略	事業ドメイン立案、事業戦略立案、事業計画立案、グループ経営管理
		将来投資	新規事業、海外進出、事業承継

会社の種類による業務の違い

ベンチャー企業のCAOは、ファイナンス以外の管理部門業務全般を担当しますが、上場後は分業化が進むため、マネジメント業務の比率が高くなります。ただし、業務範囲自体については大きく変わらない傾向が強いといえます。

業務の違い　　注力度（◎>○>△>×）

	上場大手	新興上場	ベンチャー
マネジメント	◎	◎	◎
財務会計実務	△	◎	◎
管理会計業務	△	◎	◎
ディスクローズ／IR	△ →専門部隊あり	○	○
資金調達	×	△	△
IPO準備の牽引・統括	×	△	◎
コーポレートファイナンス	×	×	×
事業戦略立案	×	×	×

次のSection以降で、ベンチャー企業と新興上場企業でのCAOの仕事についてご紹介します。

Section 2

新興上場企業CAOのジョブノート

新興上場企業CAOの特徴

新興上場企業の多くは、ガバナンス強化やコンプライアンスといった上場企業としての側面と、高い機動力や柔軟性の保持といったベンチャー企業としての側面の、両面が求められるフェーズにいます。

CAOの役割も同様で、上場企業としてあるべき水準の業務レベルを管理部門で維持しながらも、さらなる成長のために会社が取り組む新規事業の後方支援など、攻守のバランスが求められる立場になります。

また、上場企業として避けて通れない決算短信や有価証券報告書といったIR資料の作成業務なども網羅的に行うことが求められる要のポジションといえます。

評価される資格、スキル

- 公認会計士、公認会計士試験合格者（短答式試験合格者含む）、税理士、税理士科目合格者、日商簿記1級・2級
- 上場企業または上場準備企業での財務会計、管理会計の実務経験
- 管理部門全般の知見
- 部下育成などのマネジメント経験

働き方

上場準備期間と比べると、業務フローが整備されて業務範囲が想定内でまわり始めるフェーズになり、多少は時間的にゆとりができる部分もありますが、上場企業として四半期ごとに決算・開示をしていく必要が出てくるため、そのタイミングで繁忙期が訪れます。とくに、事業年度の本決算前後から株主総会までの時期は最繁忙期になります。

また、新規事業が走り始めるタイミングや、IFRS導入の検討といったプロジェクトなども並行するため、結局のところは年間を通じて一定以上の忙しさは覚悟しておく必要があるでしょう。

年収一例（万円）

	800	900	1,000	1,100	1,200	1,300	1,400～
プレイングマネージャー	●	●	●	●	●		
管理部門のマネジメント＋経営企画等の業務		●	●	●	●	●	●

※企業の給与水準によって振れ幅は大きくなる。また、プレイヤーとしての業務が残るのか、マネジメントに専念しつつ経営企画等の業務を兼務するポジションか、などによって年収は大きく変わる。

転職前／転職後の職種

転職前は何していた？		転職後は何している？
上場企業または上場準備会社の管理部長	新興上場企業で働く	CFO・役員（上場企業／上場準備会社）
上場準備会社のCFOまたは上場準備責任者		他企業のCAO（上場企業／上場準備会社）
財務会計コンサルタント		PEファンド・VCなど
監査法人出身の公認会計士		財務会計コンサルタント
一般企業に出向していた金融マンなど		フリーランス（顧問・社外取締役など）

POINT

上場企業としての側面と成長過程にあるベンチャー企業としての側面の両面を内包するのが新興上場企業になります。上場によって調達した資金をどのように活用していくかによって、企業の成長速度が大きく変わるので、経営も今まで以上に投資を意識した拡大路線に舵を切るフェーズに突入します。

企業の成長と合わせてCAO自身も成長を求められ続けるので、プレイングマネージャー業務から脱却し、M&Aをはじめとしたより戦略的な事業企画や経営企画等の業務に関与できるようになれるか否かがキャリアの分かれ道になります。そのためには、部下の育成を成功させ、自分が手足を動かさなくても通常業務は自動的に回っていくような組織を作ることがカギになります。

Section 3

ベンチャー企業CAOのジョブノート

ベンチャー企業CAOの特徴

ベンチャー企業のCAOに求められる主な役割は、管理部門業務全般の実務およびマネジメントです。とくに、経理業務に重点が置かれます。

ベンチャー企業において、管理部門は組織としてほぼ確実にまだできあがっていないので、日々の経理業務を中心に、労務管理、契約書関連業務、オフィス管理といった管理業務全般を担うことになります。

１人で回しきれない業務は、会計事務所・税理士法人や社会保険労務士事務所、弁護士事務所などにサポートを依頼して、会社経営が支障なく回るようにしていきます。

そのうえで、いずれ外部からのサポートに頼らなくてもよくなるように、経理・人事・総務・法務といった専門職スタッフの採用活動と育成、そのマネジメント業務にも時間を割いていきます。

さらには、CFOやCEOといった経営陣とともに、会社の経営幹部として経営にも近い位置で業務を行っていきます。

評価される資格、スキル

- 公認会計士、公認会計士試験合格者（短答式試験合格者含む）、税理士、税理士科目合格者、日商簿記１級・２級
- 管理部門全般の実務経験、特に経理・管理会計に関する高い知見
- マネジメントの素養または経験

働き方

主な業務は経理と労務になるので、月次決算と勤怠管理を行う月末・月初が忙しくなります。また、上場準備をしている場合は四半期ごとの決算業務も必要になります。そして、事業年度末の本決算時期が一番の繁忙期になります。

年度末は次年度の事業計画や採用計画、資金繰りや予算策定などの業務もあるので、かなり多忙な状況です。並行して上場準備に関する業務も行うため、上場直前の２年間は連日深夜帰りになる可能性もあり、覚悟が必要です。

年収一例（万円）

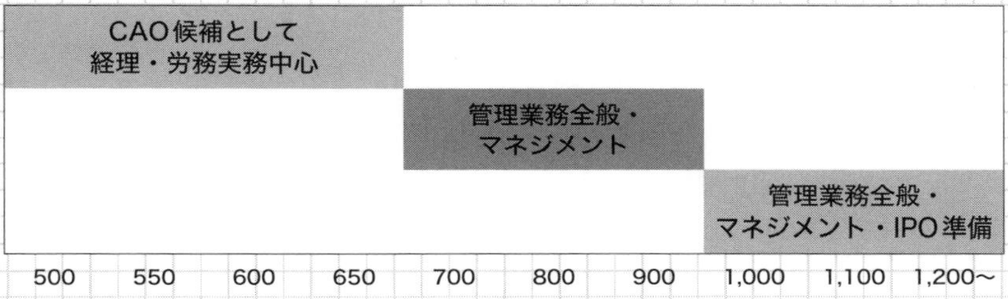

500	550	600	650	700	800	900	1,000	1,100	1,200～
CAO候補として経理・労務実務中心									
				管理業務全般・マネジメント					
							管理業務全般・マネジメント・IPO準備		

転職前／転職後の職種

転職前は何していた？		転職後は何している？
経理職（管理職レベル）	ベンチャー企業で働く	ベンチャー企業CFO
管理全般担当者		ベンチャー企業CAO
会計事務所・税理士法人スタッフ		非上場企業の経理総務部長
公認会計士（監査法人出身）		コンサルタント（財務会計、IPO、経営）
銀行出身者（企業出向経験あり）		フリーランス（顧問・社外取締役）

POINT

CAOは、CFOがファイナンス関連業務に集中できるように、管理部門全般の管理をしながら、CFOをはじめとした経営陣が目指す方向に舵を切れるよう管理部門を強化する、管理部門において「守り」と「攻め」、さらには「プレイヤー」と「マネジメント」の両面を兼ね備えたポジションといえます。

一方で、ベンチャー企業の段階でCFOとCAOを分けている企業は、多くありません。CAOを設置している企業の特徴としては、すでにビジネスモデルが市場で高く評価されており、多くの出資を受けているためファイナンス関連業務の専任者が必要であるパターン、国内外上場や組織拡大を見据えて早期から組織づくりに資金を投下する経営判断をしたパターン、また、出資元からCFO人材が送り込まれて自社にCFOを持たずにCAOのみを設置するパターンなどがあります。

Chapter 13 「監査役」や「社外取締役」になりたい！

Section 1 監査役や社外取締役ってどんな仕事？

監査役とは

監査役とは、**企業が法令違反をしない（不祥事を起こさない）よう見張る役割を担う人材**です。企業は経営者のものではなく、株主のものだという考え方にもとづいており、会社経営者や従業員が株主に損害を与えるような違法行為をしないよう監視するのが監査役の役目です。しかし、これまで監査役は、実質的に名ばかりの役割であった企業も少なくありません。

近年、上場企業の不正会計問題などが増加傾向にあるなか、監査役の重要性に対する関心は高まってきており、会計人材としての最終キャリアの1つとしても注目を集めています。下記のような問題はニュースなどで一度は目にしたことがあるのではないでしょうか。

・粉飾決算や脱税
・食品偽装表示、自動車の燃費の不正操作、建物の耐震データ改ざん
・社員の横領、監督官庁への贈賄、個人情報の漏えい
・労働基準法違反（ブラック企業）、パワハラ、セクハラ　など

このような不祥事を起こすと会社は、法的制裁を受けるだけでなく、世間から「コンプライアンス意識が低い」、「危ない会社だ」、「ガバナンスがなっていない」などという非難をあびることになります。それにより会社の信用も落ち、業績も下がり、場合によっては企業の存続が危うくなることすらあります。それらを未然に防ぐのも監査役の役目です。

また、社内監査役とは、過去に当該会社の役員や従業員として就業経験がある社内出身の監査役のことをいいます。対して、社外監査役とは過去に同会社の役員や従業員などの経歴がない社外出身の監査役のことをいいます。

監査役の主な業務内容

監査役の業務は大きく次の2つに分類できます。

・**業務監査**：取締役をはじめとした経営陣や現場が適法に会社運営を行い、株主に不利益をもたらしていないかなどを監査すること（会計面以外の監査）

・**会計監査**：会社が作成した経理上の計算書類に法的な不正や株主に不利益な会計操作がないかなどを監査すること

社外取締役とは

社外取締役とは、文字どおり社外から招いた取締役のことで、社内の取締役とともに会社の経営陣として大きな意思決定や業務執行、経営の監督を行います。社外取締役の役割は、その他の取締役や執行役員が、会社内部の論理を優先してしまい、株主にとって不都合な意思決定をしないか、より客観的な立場から経営判断を行うことです。

これは、上述した「監査役」と同じく、業績の向上はもちろん、会社が法令を遵守し、不正行為や暴走をしないよう監視する体制・仕組みづくりを目的とした、いわゆるコーポレート・ガバナンス推進のための機能の1つです。

社外の有益な知見を取り入れるために、経営や業界に知見のある他社の取締役や弁護士、公認会計士などが社外取締役として採用される傾向もあります。

会社の種類による違い

会社の規模やステージによって求められる経験スキルやその業務領域が異なります。大枠の分類としては、大手上場企業、ベンチャー企業の2種類に分類できます。それぞれの特徴について、次のSction以降でご紹介します。

上場企業監査役・社外取締役のジョブノート

上場企業の特徴

会社法で監査役を設置するかどうかは任意とされていますが、取締役会を設置している会社は監査役を設置しなければなりません。取締役会を設置する義務があるのは株式を公開している企業なので、上場企業は監査役もしくは監査役が３人以上の監査役会を設置しなければなりません。

また、上場企業の場合は社外取締役の選任が義務づけられています。さらにプライム市場に上場している企業の場合は、取締役の３分の１以上が社外取締役でなければなりません。

評価される資格、スキル

- 経営者、取締役業務の経験
- 豊富な業界知識や人脈
- 公認会計士

働き方

常勤か非常勤かによって大きく異なります。常勤の場合でも、会社によって週３～４日の勤務でよいケースや、週５日の勤務が求められるケースなどさまざまです。

非常勤の場合は月に数回程度、取締役会や監査役会へ出席する程度なので、常勤のような頻度で出社しないことが一般的です。ハードワークになることはほとんどありません。

年収一例（万円）

非常勤監査役	常勤監査役	社外取締役
240～600	600～1,200	600～2,000

※関与する頻度や、就任する方のステータスによって報酬が大きく異なるのが特徴

転職前／転職後の職種

転職前は何していた？		転職後は何している？
同社内の経理財務責任者（CFOや経理部長）	上場企業で働く	同社の顧問
公認会計士（独立開業している方）		他社の社外取締役
同規模の会社での内部監査責任者クラス		他社の監査役
他社の代表取締役・取締役や監査役		フリーランス

POINT

監査役の設置が義務づけられている法人は、「資本金が５億円以上または負債総額200億円以上の法人」、つまり、いわゆる「大会社」に該当する法人、もしくは「取締役会を設置している法人」などの一定の条件を満たす法人です。

ただし、最近のトレンドとしては、社会的信用を目的に、任意で監査役を設置する法人も増えてきました。日本企業の９割以上が中小企業であることから、監査役等の設置義務がある法人はほとんどないため、本Sectionのポジションの経験がある人材は大変貴重です。

知識や経験はもちろん、それまでのキャリアの集大成が問われるポジションで、誰もがなれるわけではありません。ステータスのあるポジションで人気もあります。

Section 3

ベンチャー企業監査役・社外取締役のジョブノート

ベンチャー企業の特徴

ベンチャー企業がIPO準備を進める際は、ベンチャー企業でも上場企業と同様に、取締役会と監査役もしくは監査役会の設置が必要となるケースがあります。しかし、IPO準備の有無にかかわらず、早いタイミングから社外取締役や社外監査役を選任することには大きなメリットがあります。

ベンチャー企業では、経営者のアイデアを実現するための活動と並行して、企業としての「守りを固める」ことも重要です。早いタイミングから社外役員を選任することで、その守りを固める、つまり「土台づくり」において、社外の有益な知見を取り入れた体制・仕組みづくりが可能になります。

具体的には、会社の機関設計、資金調達、予実管理、人材の確保などがあり、専門知識や経験、法律の遵守が必要不可欠です。しかし、ベンチャー企業の経営者には、経営戦略の立案など優先すべき多くのことが他にもあります。

そこで、専門家を社外役員として起用し、スタートアップ時から機動的に助言できる体制を整えれば、経営者の能力と時間を企業の成長に集中投下できます。これは、長期的な企業発展にも極めて有益であるため、ベンチャー企業における社外監査役や社外取締役のニーズは高まり続けています。

評価される資格、スキル

- 経営者、取締役業務の経験
- 豊富な業界知識や人脈、管理部門全般の実務経験、特に会計監査に関する知見
- 公認会計士

働き方

常勤か非常勤かによって大きく異なります。常勤の場合は週3～5日の勤務をすることが多いようです。一方、非常勤の場合は月に数回程度、取締役会や監査役会へ出席するのが一般的です。いずれもハードワークになる仕事ではありませんが、IPOに伴う審査では精神的な緊張感を伴う仕事です。

年収一例（万円）

※数社を兼任する人や本業とかけもちする人が多い

役職	年収（万円）
非常勤監査役	120～360
常勤監査役	500～800
社外取締役	500～1,500

転職前／転職後の職種

転職前は何していた？		転職後は何している？
他社の非常勤監査役・社外取締役（兼任）	ベンチャー企業で働く	他社の非常勤監査役（兼任）
他社の常勤監査役		他社の社外取締役（兼任）
公認会計士（独立開業している方）		他社の常勤監査役
他社の代表取締役・取締役		フリーランス（顧問等）

POINT

ベンチャー企業では、社内に監査役や社外取締役の仕事を理解している人や同じような立場の人もいないため、経営陣や従業員と対立構造の図式になってしまうことが起こりえます。また、人手不足から、監査役や社外取締役にも実務を期待されてしまうなどのギャップが生じることなどもあります。いずれもコミュニケーション不足が原因なので、互いの役割や意見を尊重し合い、必要な時は納得するまでとことん話ができるような信頼関係を築けるかどうかが重要です。

複数の会社の非常勤監査役や社外取締役を兼任している方が多く、このような働き方に憧れる方も多くいる人気役職の１つです。

Part 5

「専門特化の職種」から適職を見つける

Part 5 でお話しすること

国家資格をもつ専門家にしかできない仕事がある！

三大国家資格の公認会計士と難関国家資格の税理士

このPartでは国家資格をもつ専門家にしかできない独占業務の領域について触れていきます。

医師、弁護士と並び三大国家資格と呼ばれるのが**公認会計士**です。公認会計士の業務領域は非常に幅広いですが、独占業務になっているのが「監査」です。独立して１人で業務を行う公認会計士も少なくありませんが、多くの公認会計士が集い、さまざまな監査業務を提供しているのが監査法人といわれる特殊な法人です。

また、難関国家資格である**税理士**は、「税務代理」、「税務書類の作成」、「税務相談」が独占業務になっており、その名のとおり税金に関するスペシャリストです。

独立して個人会計事務所を開業している場合もありますし、複数名の税理士が集い法人化した税理士法人で業務を行っている場合もあります。

なお、公認会計士は税理士登録をして税金に関する業務を行うことができます。

公認会計士が集う監査法人って何？

公認会計士が５名以上集まると監査法人という特殊な法人を設立することができます。日本全国で280法人程度しかありません。

主たる業務は監査で、簡単にいうと、上場企業や大会社、学校法人や公的機関などが不正な会計処理をしていないかをチェックする仕事です。金融庁が管轄し、証券取引所をはじめとした金融マーケットに対して重大な責任を伴う仕事です。

会計事務所や税理士法人ってどんなところ?

街の至る所に「◯◯会計事務所」という看板を目にします。会計事務所は主に税理士が経営する事務所で、税金に関する業務、つまり税務を行っています。また、２人以上の税理士が集まって組織化されているのが税理士法人とよばれる特殊な法人です。

個人会計事務所と税理士法人を合わせると、全国で３万以上になるといわれています。しかし、会計事務所や税理士法人でどのような業務が行われているかは、世間一般には驚くほど知られていないのではないでしょうか。掘り下げるとかなりディープな専門領域もあり、まさに専門家が担う特殊な業務といっても過言ではありません。

まとめ

本Partでは、国家資格をもつ専門家である公認会計士と税理士が主に活躍するフィールドとして、監査法人と税理士法人について説明します。

基本的には資格保持者が働く専門領域になりますが、資格試験に合格している方や目指す方なども働いています。

Chapter

14 「監査法人」で働きたい！

Section 1 監査法人ってどんなところ？

監査法人とは

監査法人とは、５名以上の公認会計士が共同で設立する特殊な法人で、**監査証明業務を主たる業務**としています。監査法人は監査業務が主たる業務なので、公認会計士や公認会計士試験合格者が多く所属していますが、他にもITスキルに特化した方や、監査アシスタントや事務職の方もいます。なかには、監査アシスタントをしながら公認会計士の資格取得を目指す方もいます。

監査とは

監査とは、**企業が作成した財務諸表について、関連する法令や会計基準に則って適切に作成されているかどうかをチェックする仕事**です。独立した第三者の立場である監査人がチェックすることにより、企業に出資する株主や融資する銀行などの債権者といった、利害関係者の保護につながっています。

自社の財務諸表を適切であると証明してもらうことにより、出資や融資を受けやすくなるため、企業にとってもメリットがあり、監査は企業が経済活動を行ううえでの社会インフラのような役割を担うといえるでしょう。

監査は公認会計士の独占業務であるため、監査業務を行う場合には公認会計士の資格が必要です。また、監査法人は公認会計士を中心とするプロフェッショナル集団であるため、その知識や経験を活かして、アドバイザリー業務を行う法人も多くあります。

監査の一般的なスケジュール

監査業務はクライアント企業の決算書をチェックする仕事のため、担当する企業の決算期によって繁忙期が異なります。近年では、決算期が３月以外の会社もありますが、日系企業の多くは３月決算が大半を占めています。

上場企業の場合、監査が義務付けられている決算書は、**会社法に基づいて作成される計算書類**と、**金融商品取引法に基づいて作成される財務諸表**です。また、クライアントの状況に応じて、監査に準ずる保証業務であるレビューの実施をするケースもあります。

繁忙期には、連日深夜までの残業や休日出勤をすることもありますが、閑散期は比較的余裕があるため、まとめて休暇をとる人も多いです。

監査法人の種類による業務の違い

監査法人は、監査法人自体の規模によってクライアントの規模や業種が異なるため、求められるスキルや業務内容が違います。

そこで、世界４大国際会計事務所であるKPMG、EY、Deloitte、PwCの系列（順不同）となる「Big４系監査法人」、Big４よりも規模の小さい、数百名～十数名規模の「準大手・中小監査法人」、近年台頭してきている「特化型監査法人」に分類して、次のSection以降で各法人の特徴をご紹介します。

年間業務スケジュール（３月決算のクライアントを担当した場合の一例）

１月	閑散期／**繁忙期**	休暇、第３四半期レビュー
２月		第３四半期レビュー、内部統制監査、期中監査
３月		期末準備（確認状発送、実査、棚卸立会など）
４月	**繁忙期**	期末監査
５月	**繁忙期**	期末監査（子会社往査、計算書類・有価証券報告書チェック）
６月	**繁忙期**／閑散期	期末監査（有価証券報告書チェック）、研修、休暇
７月	**繁忙期**	第１四半期レビュー、監査計画
８月	閑散期	監査計画、休暇
９月		監査計画、内部統制監査、期中監査、子会社・支店往査など
10月	**繁忙期**	第２四半期レビュー
11月		内部統制監査、期中監査、子会社・支店往査など
12月	閑散期	内部統制監査、期中監査、子会社・支店往査など

Section 2

Big4系監査法人のジョブノート

Big4系監査法人の特徴

Big４系監査法人とは、有限責任あずさ監査法人、EY新日本有限責任監査法人、有限責任監査法人トーマツ、PwCあらた有限責任監査法人の４つをいいます（順不同）。これらの監査法人の特徴としては、日系大手グローバル企業、外資系企業、大手金融、外資系金融といったブランド感、規模感、国際性に富んだ企業群がクライアントになってくるため、必然的にそれに準拠した業務内容になるということです。

Big４系FASや税理士法人とも深い関係があり、業務連携や人材交流などもあります。また、英語を必要としない業務もありますが、法人の特性上、英語力は高いにこしたことはありません。

評価される資格、スキル

- 公認会計士、公認会計士試験合格者（短答式試験合格者含む）
- USCPA（米国公認会計士）など海外の会計士資格
- PCスキル（Excelでの資料作成など）
- 英語力

働き方

Section１の年間業務スケジュールで示したとおり、期末監査や四半期レビューの時期は繁忙期となり、深夜までの残業や休日出勤をすることがあります。

ただし、近年では働き方改革を進める法人も多く、PCの使用できる時間を21時や22時までに設定していることもあるようです。

また、大企業のため、リモートワークやフレックスタイム制度のほか、産休、育休、介護休暇などの制度が整っており、最近では育児休業を取る男性も増えてきています。

６月の有価証券報告書提出後や、８月のお盆休み、年末年始などは１週間以上の休暇を取っている人が多く、なかには、有給休暇と合わせて２～３週間休める場合もあります。

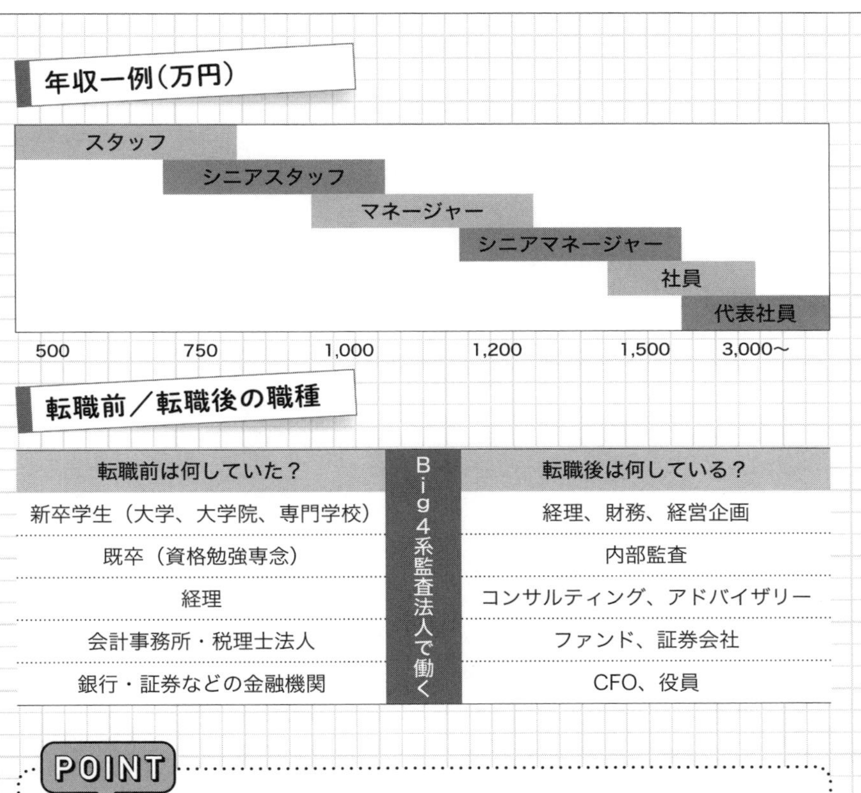

転職前は何していた？		転職後は何している？
新卒学生（大学、大学院、専門学校）	Big4系監査法人で働く	経理、財務、経営企画
既卒（資格勉強専念）		内部監査
経理		コンサルティング、アドバイザリー
会計事務所・税理士法人		ファンド、証券会社
銀行・証券などの金融機関		CFO、役員

POINT

Big 4 系監査法人は大手企業や外資系企業のクライアントが多いのが一番の特徴です。クライアントの規模が大きいと会社や監査の全体像をつかむまでに時間はかかりますが、１つのクライアントで複数の事業や最新の事業を行っていたり、最先端のシステムを使用していたりするため、より高度で専門的、先進的な経験が積めます。IFRS（国際財務報告基準）適用会社やその他諸外国の会計基準を採用するクライアントもあり、外国語での業務などの機会も多いです。その分自己研鑽が欠かせません。また、海外赴任や出向（金融庁などの官公庁や、商社や大手上場企業の経理など）、アドバイザリー業務など監査以外の業務も経験できます。

転職をする際にも、Big 4 系出身という点が有利に働くため、将来像がまだ明確になっていない方にもオススメです。

Section 3
準大手・中小監査法人のジョブノート

準大手・中小監査法人の特徴

ここでは、太陽有限責任監査法人、PwC京都監査法人、三優監査法人、東陽監査法人、仰星監査法人などのようなBig４系監査法人以外で比較的多数の上場会社を被監査会社としている監査法人を準大手監査法人といい、Big４系監査法人および準大手監査法人以外の監査法人を中小監査法人とします。

クライアントの規模は、大手上場企業や新興上場企業、株式公開を目指すベンチャー企業から創業100年を超える老舗企業、学校法人に至るまでさまざまです。

国内のクライアントが大半であるため、業務で英語を使用する機会はBig４系監査法人と比較すると少ない傾向にあります。

また、監査業務が業務収入の９割超となっており、非監査業務の割合が低いことも特徴です。

評価される資格、スキル

- 公認会計士、公認会計士論文式合格者（短答式試験合格者含む）
- PCスキル（Excelでの資料作成など）

働き方

それぞれの監査法人の方針やクライアントによって大きく異なってきますが、業務量に対しての人員数が十分に確保されていれば、期末監査や四半期レビューにかかる繁忙期を除き、残業がほとんどない場合もあります。

また、最近ではリモートワークやフレックス制度を導入している監査法人も徐々に増えてきており、ワーク・ライフ・バランスは整えやすくなっています。中小監査法人はアットホームな環境である場合も多く、人材定着性が高いのも特徴の１つです。

年収一例（万円）

役職	年収
スタッフ	500〜750
シニアスタッフ	750〜1,000
マネージャー	1,000〜1,500
社員	1,500〜2,500
代表社員	2,500〜

500　750　1,000　1,500　2,500〜

転職前／転職後の職種

転職前は何していた？	準大手・中小監査法人で働く	転職後は何している？
新卒学生（専門学校、大学、大学院）		Big 4 系監査法人
既卒（資格勉強専念）		上場企業の経理職
Big 4 系監査法人		会計事務所・税理士法人
一般企業の経理職		コンサルティングファーム
その他（銀行・会計ソフト会社など）		ベンチャーCFO・CAOなど

POINT

Big 4 系監査法人と比較して、監査チームが少人数で構成されることが多く、若手の頃から現場の責任者である主査を任されることもあります。経営者と直接やりとりする機会もあり、業務の幅も広いです。多種多様な業務を経験して、いち早く会計士として成長して活躍したいという方にマッチする環境です。

なお、最近のトレンドとして、監査コストなどの観点からBig 4 系監査法人からこれらの準大手・中小監査法人へ会計監査人を異動する企業も多くなっており、準大手・中小監査法人の需要が高まっていることもポイントです。

Section 4

特化型監査法人のジョブノート

特化型監査法人の特徴

IPO監査に特化したESネクスト有限責任監査法人や、農業協同組合等の監査に特化したみのり監査法人などが特化型監査法人として存在感を発揮しています。

社会福祉法人、医療法人などの非営利法人に特化しているような監査法人もあります。その名のとおり、特定の業務や業界に特化した監査法人なので、メンバーの経験値や専門能力の高さは折り紙付きです。

Big４系監査法人や準大手監査法人などと比較した場合、規模では劣りますが、専門性の高さや代表社員の人脈の質の高さは特筆すべきもので、業界内では強い影響力を持っています。

評価される資格、スキル

- 公認会計士、公認会計士論文式合格者（短答式試験合格者含む）
- PCスキル（Excelでの資料作成など）

働き方

それぞれの監査法人の業務内容、クライアントによって大きく異なってきますが、残業時間の多いBig４系監査法人と比較すると、ワーク・ライフ・バランスは整っているようです。

しかし、設立間もない監査法人の場合は人員不足で忙しい場合もあります。法人によって大きく状況は異なるので事前に十分な確認をとっておいたほうがよいでしょう。

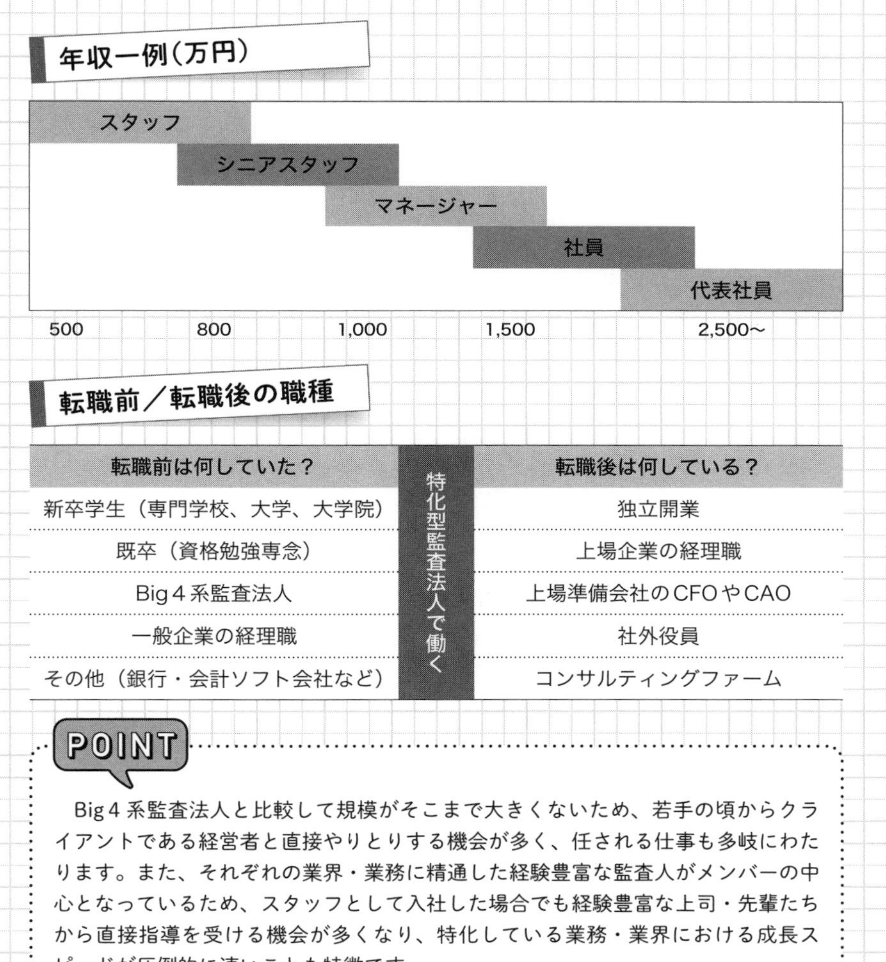

転職前／転職後の職種

転職前は何していた？		転職後は何している？
新卒学生（専門学校、大学、大学院）	特化型監査法人で働く	独立開業
既卒（資格勉強専念）		上場企業の経理職
Big 4 系監査法人		上場準備会社のCFOやCAO
一般企業の経理職		社外役員
その他（銀行・会計ソフト会社など）		コンサルティングファーム

POINT

Big 4 系監査法人と比較して規模がそこまで大きくないため、若手の頃からクライアントである経営者と直接やりとりする機会が多く、任される仕事も多岐にわたります。また、それぞれの業界・業務に精通した経験豊富な監査人がメンバーの中心となっているため、スタッフとして入社した場合でも経験豊富な上司・先輩たちから直接指導を受ける機会が多くなり、特化している業務・業界における成長スピードが圧倒的に速いことも特徴です。

特化型監査法人には将来独立したい、CFOになりたい、キャピタリストになりたい、社会のインフラとして多くの人を助けたいなど、目標ややりたいことが明確なメンバーが集まる傾向にあります。将来的に何か目標や、やりたいことが明確になっている方には、大変恵まれた環境といえるでしょう。

Chapter 15 「税理士法人」で働きたい！

Section 1 税理士法人ってどんなところ？

税理士法人とは

税理士法人とは、**２名以上の税理士によって共同で設立される法人**です。似たようなものに会計事務所や税理士事務所などがありますが、これらはいずれも税理士が個人事業主として独立開業し、個人経営している事務所のことをいいます。

なお、公認会計士は要件を満たせば税理士としても登録ができるため、公認会計士でも税理士として独立開業しているケースや、税理士法人を立ち上げるケースもあります。

税理士法人で働いている全員が税理士ということはなく、税理士を目指して勉強を続けている税理士試験科目合格者や日商簿記２級といった資格を保有している方々、パート・アルバイトの主婦の方までさまざまです。

業務内容

税理士法人であれ、会計事務所や税理士事務所であれ、業務は基本的には同じです。税理士の独占業務である、**税務代理**、**税務書類の作成**、**税務相談**の３つと、非独占業務の**記帳代行**が税理士法人の業務の基礎といえるでしょう。

- **税務代理**：顧客の代理として税務申告や税務調査の立会いを行うこと
- **税務書類の作成**：確定申告書や法人税申告書、青色申告承認申請書などの税に関する書類の作成を行うこと
- **税務相談**：納税額の計算や節税方法などの税金に関する相談を受け、助言すること
- **記帳代行**：帳簿作成業務を代わりに行うこと

税理士の資格をもたない方は、主に非独占業務の記帳代行やクライアント対応などを行います。

また、税理士法人によっては、上記に加え、連結納税、組織再編、M&A、事業承継、株式公開準備、企業再生といった高度な業務も多く、国境を越えた企業間取引に関わる国際税務アドバイザリー、移転価格税制、関税・間接税といったグローバルでダイナミックな国際税務分野の業務もあります。

そのほかにも、企業オーナー、不動産オーナーといった富裕層の個人資産を保守していくための相続対策や不動産有効活用のコンサルティングや、相続・贈与といった資産税業務などもあります。

一般的なスケジュール

担当する企業の決算期によって繁忙期が異なりますが、日系企業の多くは３月決算、外資系企業の多くは12月決算となっていることから、それを前提に下記の**年間業務スケジュール**を作成しました。

場合によっては、外資系企業や個人事業主への業務提供を行っていないこともあるので、その場合は閑散期が増えます。また、相続税に特化して業務を行っている場合には、依頼があるごとに業務を行うので、毎年の繁忙期と閑散期は変化します。

年間業務スケジュール

3月決算

1月	繁忙期	支払調書、償却資産税の提出 外資系業の決算対応（税務申告）
2月	繁忙期	外資系企業の決算対応（税務申告） 個人の確定申告
3月	繁忙期	個人の確定申告
4月	繁忙期	日系企業の決算対応（税務申告）
5月	繁忙期	日系企業の決算対応（税務申告）
6月	閑散期	（クライアントの決算期によっては繁忙期）
～	閑散期	（クライアントの決算期によっては繁忙期）
11月	閑散期	（クライアントの決算期によっては繁忙期）
12月	閑散期	年末調整

繁忙期の忙しさは、それぞれの税理士法人によって異なるため一概にはいえませんが、税務申告には期限があるため、期日が迫ってくると連日深夜までの残業や休日出勤をする場合もあります。

ただし、前述のとおり、それぞれの税理士法人ではクライアントの属性によって業務内容も異なるため、繁忙期であっても毎日定時に帰れるような職場もあります。

税理士法人の種類と特徴

税理士法人や会計事務所は、税理士法人自体の規模やクライアントの規模・業種、専門領域によって、業務内容と範囲が大きく異なってきます。

大まかな分類としては、KPMG税理士法人、EY税理士法人、デロイトトーマツ税理士法人、PwC税理士法人の系列となる**Big４系税理士法人**、辻・本郷税理士法人、税理士法人山田＆パートナーズのような国内系大手税理士法人から中堅税理士法人を指す**国内系税理士法人**、20名以下が中心となる個人会計事務所をさす**中小会計事務所**の３つがあげられます。

それぞれの特徴について、次のSection以降でご紹介します。

Column　会計人材には独立という選択肢がある

会計系の職種には様々あることをご理解いただけたと思いますが、職種という枠を超えてご紹介したいのが「独立」という選択肢です。あえて職種名をあげるなら、「経営者」や「フリーランス」などに該当しますが、ここでは比較的イメージがしやすい事例をご紹介します。

■税理士として独立する

独占業務である「税務」を武器として独立が可能です。大手税理士法人などから独立する場合は、積み上げてきた信頼と実績があれば、比較的規模の大きな優良企業が独立直後から顧客になるケースも稀にありますが、多くの場合は地道に営業活動を行い、１件ずつ顧客を獲得していくイメージです。

一言で税務といっても、中小・零細企業や個人事業主を対象にした税務顧問業務から組織再編や資産税といった高度な業務に至るまで実に様々で、それに伴い提供するサービスに対する単価も大きく異なります。高度で高単価の業務に特化した事務所の場合は最低１人でも経営は成り立ちますが、単価が低めの比較的単純作業からなる代行業務が中心の場合は、スタッフを複数名雇うなどして件数を増やすことで売上を積み上げていく必要があります。つまり、マネジメント業務が発生するということになり、ここは経営の手腕が問われます。

従業員を雇ってレバレッジを利かせることができれば、年収2,000〜3,000万円以上の高額所得を狙うことも可能で、独立開業のリスクを負ってでもチャレンジしたいという方が後を絶ちません。

■公認会計士として独立する

公認会計士が独立する場合は、税理士と異なり独占業務である監査を売りに独立することはほとんどありません。公認会計士は税理士登録をすることが可能なので、税理士登録をして前述のような税理士としての独立開業も可能です。しかし、税理士登録をせずにあくまで公認会計士として独立する人達も一定数います。その場合は、IPOやM&Aといった高度な分野におけるコンサルティングやアドバイザリー業務に特化した事務所やコンサルティング会社を開業するケースが多くなります。

また、公認会計士は監査法人で大手上場企業向けの案件を経験している場合が多いため、有価証券報告書作成支援、連結決算支援、IFRS導入支援といった業務や、スタートアップ向けのCFO代行業務などを提供しているケースもあります。

このような税務を伴わない独立の場合は、１件１件の仕事の単価も高く、個々人の力量が問われる業務なので、フリーランスのように１人で独立している公認会計士も比較的多くなります。その場合、年収は1,000〜2,000万円程度の方が多いようですが、マネジメント業務も必要なく、自分の働きたい時に働くこともできるので悠々自適なワークスタイルを望む方に特に人気です。

■資格なしで独立する

税理士や公認会計士といった国家資格を持っていなくても、経理のアウトソーシング会社や会計系コンサルティング会社を設立して独立する人達もいます。この場合は、税務や監査といった独占業務はありませんので、どのような顧客層に対して、どのようなサービスを提供していくのかといった事業ドメインの設定が大変重要になります。

また、資格や独占業務といった切り口ではなく、会計ソフトやITツールを活用した付加価値の高いオリジナルサービスの考案が必要になる、組織を作ってサービス提供を行うための高度なマネジメント業務が問われるなど、より経営者としての資質が求められることになります。

Section 2

Big4系税理士法人のジョブノート

Big4系税理士法人の特徴

KPMG税理士法人、EY税理士法人、デロイト トーマツ税理士法人、PwC税理士法人をBig４系税理士法人といいます（順不同）。日系大手グローバル企業、外資系企業、大手金融、外資系金融といったブランド感や規模感、国際性に富んだ企業がクライアントになるため、必然的にそれに準拠した業務内容になる点が特徴の１つです。日本に３万以上あるといわれる会計事務所・税理士法人のなかでも、Big４系税理士法人は非常に特殊な業界といえるでしょう。

Big４系監査法人やFASとも関係が深く、業務連携や人材交流などもあります。そのため、税理士のみならず公認会計士も一定数在籍していることも注目すべき点の１つです。ブランド感の高い職場なので、所属している優越感なども感じることができるかもしれません。オフィスの立地や内装も素晴らしく、一流のファシリティが整っている点も大きな魅力です。

評価される資格、スキル

- 税理士科目合格者、税理士、公認会計士、USCPA（米国公認会計士）、海外MBA
- PCスキル（Excelでの資料作成など）、タスク管理能力
- 国際感覚（海外在住経験のある方は歓迎）
- 英語力（TOEIC700点以上、高いほど好ましい）　※ただし、業務領域による

働き方

リモートワークやフレックスタイムなどの制度が整っており、働きやすい環境になってきています。ただし、繁忙期は残業が多く、忙しさは尋常ではないという話も耳にします。

国境を越えた業務の際には時差が生じるため、地域によっては早朝や深夜の対応も必要です。ハードワークな環境といえますので、離職率もそれなりに高く、パートナーまでキャリアアップできるのは一握りの人材といえるでしょう。

年収一例（万円）

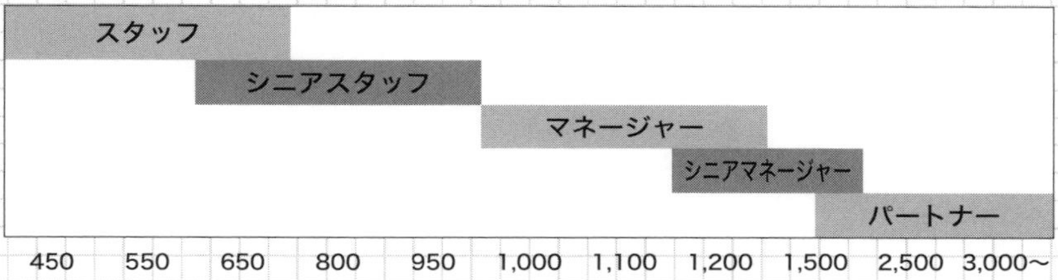

スタッフ
シニアスタッフ
マネージャー
シニアマネージャー
パートナー

450　550　650　800　950　1,000　1,100　1,200　1,500　2,500　3,000～

転職前／転職後の職種

転職前は何していた？	Big 4 系税理士法人で働く	転職後は何している？
新卒学生（専門学校、大学、大学院）		コンサルティングファーム
既卒（資格勉強専念）		特化型税理士法人
会計事務所・税理士法人		独立開業
一般企業の経理職		メガバンクなどの大手金融機関
その他（銀行・会計ソフト会社など）		大手グローバル企業の税務部門

POINT

最先端の税務・アドバイザリー業務に従事でき、クライアントは超一流企業や富裕層です。また、新聞を賑わすような案件もあり、大きな仕事をしたい方にはピッタリの環境です。スタンダードな税務業務に加え、連結納税、組織再編、M&Aといった高度な派生業務も多いです。また、不動産証券化や再生可能エネルギー投資といったストラクチャードファイナンス分野の業務などもあります。

特筆すべきは、グローバルでダイナミックな国際税務の業務が豊富なことです。国境を越えた企業間取引に関わる国際税務アドバイザリー、移転価格税制、関税・間接税といった業務はBig 4 系ならではでしょう。また、インバウンドの外資系企業のアウトソーシング業務や、国際的な人事異動に伴う個人関連税務など、ニッチな分野も行っています。横断的に幅広い業務に従事することは難しいため、専門分野を狭く深掘りしたキャリアが形成される点に特徴があります。

Section 3
国内系税理士法人のジョブノート

国内系税理士法人の特徴

ここでは、辻・本郷税理士法人、税理士法人山田＆パートナーズのようなグループ全体で1,000名以上の国内系大手税理士法人から、数100名規模の準大手税理士法人、数10名規模の中堅税理士法人を指します。

このような税理士法人の特徴の１つに、組織のトップが純粋な税理士ではなく、公認会計士・税理士のダブルライセンス保持者であることが多いという点があげられます。つまり、スタンダードな税務会計業務以外にも、公認会計士が得意な財務コンサルティング業務や会計アドバイザリー業務などのサービス提供をしているのです。

Big４系税理士法人とは異なり、外資系や大手金融系のクライアントは少ない反面、日系大手上場企業から中小零細企業まで、顧客層はかなり幅広いのが特徴です。税務顧問、記帳代行、決算、税務申告のようなスタンダードな税務会計業務も含まれますが、株式公開準備、事業承継、組織再編、M&A、企業再生のようなサービスも提供しています。

また、企業オーナー、不動産オーナーといった富裕層の個人資産を保守するための相続対策や不動産有効活用のコンサルティング、相続・贈与といった資産税業務なども行っています。さらには、特殊性の高い業界である医療系クライアントに向けたサービスや国内企業の海外進出支援といったサービスも展開しており、全体像をすぐに理解するのは難しいかもしれません。

評価される資格、スキル

- 日商簿記２級・１級
- 税理士科目合格者、公認会計士短答式合格者、税理士、公認会計士
- PCスキル（Excelでの資料作成など）

働き方

各法人の業務内容やクライアントによって大きく異なりますが、業務量に対するスタッフの人数が十分に確保されていれば、Section１で示した繁忙期を除き、

残業がほとんどない場合もあります。

　また、リモートワークやフレックスタイム制度を導入する税理士法人も徐々に増えてきており、ワーク・ライフ・バランスは整えやすくなってきているでしょう。

　ただし、なかには繁忙期がずっと続くような法人もあるため注意が必要です。

年収一例（万円）

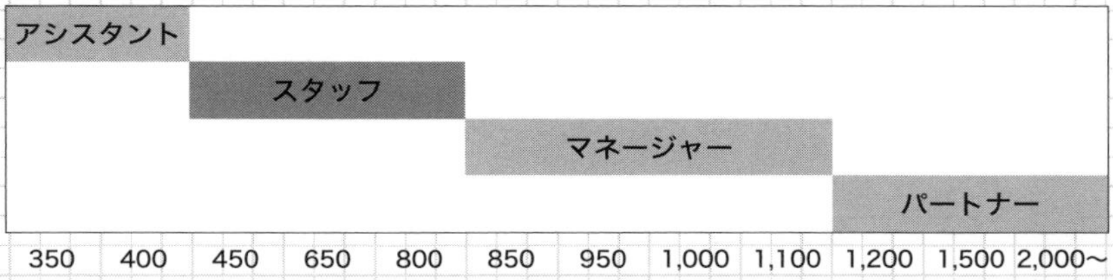

350	400	450	650	800	850	950	1,000	1,100	1,200	1,500	2,000〜
アシスタント											
			スタッフ								
						マネージャー					
										パートナー	

転職前／転職後の職種

転職前は何していた？	国内系税理士法人で働く	転職後は何している？
新卒学生（専門学校、大学、大学院）		Big４系税理士法人
既卒（資格勉強専念）		独立開業
会計事務所・税理士法人		大手上場企業の経理職
一般企業の経理職		上場準備会社のCFOやCAO
その他（銀行・会計ソフト会社など）		コンサルティングファーム

POINT

　事業部間の異動がしやすい法人の場合は、幅広い業務経験が積める点も魅力になります。多様なサービスを提供しているので、将来的に何がしたいのかが定まっていない方にもオススメです。

　また、独立開業をしたいと考えている方にとっては、良好な関係で退職することができれば、独立開業後も業務委託などで協業できる可能性もあります。

Section 4

中小会計事務所のジョブノート

中小会計事務所の特徴

ここでは、中小零細企業や個人事業主の税務顧問業務を行う、従業員20名以下の個人会計事務所を指します。開業税理士を筆頭に所属税理士やスタッフなどで構成され、世の中の会計事務所の大半が該当するといえるでしょう。このような会計事務所は、税務顧問、記帳代行、決算、税務申告といったスタンダードな税務会計業務をメインで行います。

担当者はある程度の裁量をもってクライアントを担当することが可能です。また、比較的規模が小さいクライアントが中心となるため、１人当たりの担当数は15～20社程度になることが多く、さまざまな業種のクライアントを経験することができます。ただし、ルーティン業務も比較的多くなるため、自身の適性を見極める必要があるでしょう。

評価される資格、スキル

- 日商簿記３級・２級・１級
- 税理士科目合格者、税理士、公認会計士
- PCスキル（Excelでの資料作成など）

働き方

所長が高齢で、長年のクライアントが多く、落ち着いた就業環境の事務所もある一方、開業後数年の成長途上にある事務所もあります。その場合、クライアント数に対してスタッフの人数が少ないということがあり、比較的忙しくなることも少なくありません。また、個人事業主の顧客も多く、確定申告時期（2月中旬～3月中旬）は繁忙期となり残業が多くなる傾向にあります。

リモートワークやフレックス制度などを導入しているケースは少ないですが、アットホームな雰囲気の事務所では所長の方針によって個別の働き方に柔軟に対応してくれる場合もあります。結婚・出産などのライフイベントや家庭の事情、資格受験勉強との両立などに配慮がある場合には長く働くこともできます。

年収一例（万円）

アシスタント
スタッフ
補助税理士
所長・代表社員
300
400
500
600
700
800
1,000
1,500
2,000～

転職前／転職後の職種

転職前は何していた？		転職後は何している？
新卒学生（専門学校、大学、大学院）	中小会計事務所で働く	独立開業
既卒（資格勉強専念）		中堅・準大手税理士法人
経理事務（出納、記帳など）		一般企業の経理職
銀行事務（カウンターなど）		他の中小会計事務所
その他異業種		会計ソフト会社など

POINT

アシスタント業務であれば日商簿記３級から、日商簿記２級に合格していれば未経験でも採用される可能性が高くなります。総じて年収は高いとはいえませんが、実務能力や経験年数に応じて着実に年収や市場価値も高まっていきます。また、１人でクライアントを担当することが多く、会計事務所の経営のイロハを吸収することができるので、独立開業を考えている人にもよい環境でしょう。

ただし、中小会計事務所は、代表税理士のキャラクターや考え方が事務所のカラーに大きく影響します。代表税理士との相性がよければ、重要な業務を任されて事務所と一緒に成長できることもありますが、逆に相性が悪いと理不尽な扱いをされる可能性もあるので、事務所選びには十分な注意が必要です。また、中小会計事務所での実務経験があれば、ほかの中小会計事務所や非上場企業の経理職への転職は比較的容易です。

執筆協力者一覧

《監修》

国見　健介（くにみ　けんすけ）
CPAエクセレントパートナーズ株式会社　代表取締役　公認会計士

《筆頭執筆者》

中園　隼人（なかぞの　はやと）
CPAキャリアサポート株式会社　代表取締役

《執筆メンバー》

清水　知美（しみず　ともみ）
CPAキャリアサポート株式会社　マネージャー　国家資格キャリアコンサルタント

加藤　慧（かとう　けい）
CPAキャリアサポート株式会社　マネージャー

大島　悠臣（おおしま　ゆうじん）
CPAキャリアサポート株式会社　マネージャー　大島会計事務所　代表　税理士

常盤　理沙（ときわ　りさ）
CPAキャリアサポート株式会社　公認会計士

長内　美優（おさない　みゆ）
CPA会計学院アルムナイ　公認会計士試験合格者

【著者紹介】

CPAキャリアサポート株式会社

士業や管理部門人材に特化した人材紹介会社出身のキャリアアドバイザー、監査法人からの転職経験がある会計士、独立開業している税理士、上場企業の役員経験者などが中心となり、会計人材のキャリアサポートを行っている。

人と繋がり、可能性を広げる場「CPASS（シーパス）」や、会計人材のコミュニケーションラウンジ「CPASS LOUNGE（シーパスラウンジ）」の運営などとともに、今までにないスタイルの人材紹介事業「CPASS CAREER（シーパスキャリア）」も展開。

日本で最も多くの公認会計士試験合格者を輩出する資格スクール「CPA会計学院」、日商簿記や経理実務講座が無料で学べるEラーニングプラットフォーム「CPAラーニング」を展開するCPAエクセレントパートナーズ株式会社の100％子会社。

- CPASS　https://cpass-net.jp
- CPASS LOUNGE　https://cpass-net.jp/cpasslounge
- CPASS CAREER　https://cpa-career.jp
- CPA会計学院　https://cpa-net.jp
- CPAラーニング　https://www.cpa-learning.com
- CPAエクセレントパートナーズ（株）コーポレートサイト
  https://cpa-excellent-partners.co.jp

会計人材のキャリア名鑑

2023年6月5日　第1版第1刷発行
2024年11月20日　第1版第7刷発行

著　者　CPAキャリアサポート株式会社
発行者　山本　継
発行所　㈱中央経済社
発売元　㈱中央経済グループパブリッシング
〒101-0051　東京都千代田区神田神保町1-35
電話　03（3293）3371（編集代表）
03（3293）3381（営業代表）
https://www.chuokeizai.co.jp
印刷／㈱堀内印刷所
製本／㈲井上製本所

ISBN978-4-502-45921-4　C2034